在博物馆里富养孩子

蒙　刚　张君升　著

盛唐气度

陕西新华出版传媒集团
陕西科学技术出版社
Shaanxi Science and Technology Press

图书在版编目（CIP）数据

在博物馆里富养孩子. 盛唐气度 / 蒙刚, 张君升著. — 西安：陕西科学技术出版社, 2023.1

ISBN 978-7-5369-8475-2

Ⅰ. ①在… Ⅱ. ①蒙… ②张… Ⅲ. ①历史文物 – 中国 – 唐代 – 少儿读物 Ⅳ. ①K87-49

中国版本图书馆CIP数据核字(2022)第107508号

在博物馆里富养孩子 盛唐气度

ZAI BOWUGUAN LI FUYANG HAIZI SHENGTANG QIDU

蒙 刚 张君升 著

责任编辑 张 戬 焦 洁
绘 画 袁仁贵 李乾鑫
摄 影 姚 勇 高 朝 王竹宝
封面设计 萌豆文化
审 稿 辛建军 张宁博 高 娟 李乾鑫 纪文波

出版者 陕西新华出版传媒集团 陕西科学技术出版社
西安市曲江新区登高路1388号陕西新华出版传媒产业大厦B座
电话（029）81205187 传真（029）81205155 邮编 710061
http://www.snstp.com
发行者 陕西新华出版传媒集团 陕西科学技术出版社
电话（029）81205180 81206809
印 刷 西安五星印刷有限公司
规 格 787mm × 1092mm 16开本
印 张 14.25
字 数 276千字
版 次 2023年1月第 1 版
2023年1月第 1 次印刷
书 号 ISBN 978-7-5369-8475-2
定 价 128.00元

作者简介

蒙 刚

陕西青年网主编

中共党员，大学历史教育学专业毕业，曾担任历史学科教师，讲课深入浅出，深受学生好评，荣获多次奖励。曾任北京东方园林文旅项目总监，负责文化项目研判。个人事迹先后被《中国旅游报》《中国网》等多家媒体专题报道。2020年，签约入驻高建群艺术社区。

张君升

副教授

中国职业技术教育学会

智慧旅游职业教育专委会副秘书长

国家文化与旅游部中高级导游考试命题专家，全国高等院校导游服务技能大赛赛项裁判，渭南技师学院党委副书记、院长，国际金钥匙学院荣誉董事、西安分院院长，陕西省导游大赛评委，陕西省导游资格考试评委、口试考官，陕西旅游饭店协会副会长，陕西省教育学会书法教育专委会副会长，陕西省“职教名师”，陕西省“教书育人楷模”，曾荣获国家级教学成果二等奖。主编《西安实用导游》《陕西导游词》《趣闻陕西》《乐游曲江》《导游知识专题》等30余部文旅方面的著作。

中华优秀传统文化是中华文明的智慧结晶和精华所在，是中华民族的根和魂，是我们在世界文化激荡中站稳脚跟的根基。

——2022年5月27日，习近平在中共中央政治局第三十九次集体学习时的讲话

序

南长森教授送来张君升和蒙刚先生编写的《在博物馆里富养孩子》，让我为这套书作个序。我看完书稿，觉得此书融知识性和趣味性于一体，图文并茂，通俗易懂，是适合青少年阅读的好书。

青少年时代是“三观”形成的重要阶段。让青少年学习优秀的历史文化，有助于他们形成正确的人生观、价值观和世界观。中国是世界四大文明古国之一，在5000多年漫长的历史岁月中，留下了许多文物古迹。其中不少文物被珍藏在博物馆中，是中国优秀传统文化的历史见证。目前我国备案的博物馆已近6000家。这些博物馆大体可以分为自然博物馆和人文博物馆两大类别，都具有公益的性质和展示的功能，都可以实现教育推广的目标。

博物馆是弘扬人文精神的重要阵地，特别是历史类型的博物馆，在传播历史文化和体现人文精神方面更是具有得天独厚的条件。比如秦始皇陵兵马俑博物馆收藏着秦代庞大的“地下军团”，是了解秦代军事和秦代社会生活的重要场所，被誉为“世界第八大奇迹”。这些兵马俑不仅是珍贵的艺术品，而且是珍贵的历史资料，包含着极为丰富的人文因素。又如，陕西历史博物馆收藏有170多万件重要文物。这些文物涉及社会生活的许多方面，是我们的祖先在漫长的历史岁月中创造出来的文化财富。从表面上看，这些文物都是物化的东西，但实际上，它体现了当时的社会文明、体现了我们祖先的创新意识和创造能力，人文意蕴是非常浓厚的。再如，碑林博物馆藏有历代碑志2000余通，还有大量的造像石刻，是闻名中外的金石学宝库。昭陵博物馆和乾陵博物馆也收藏着数量可观的碑石。这些金石资料中也包含着极为丰富的人文因素。认真保护博物馆的藏品，对这些藏品进行分类研究，从各类文物中发掘出最具人文色彩的素材，并用科学的方法把它们展示出来，自然可以使广大观众从这些文物中感受到强烈的人文气息。

博物馆也是重要的爱国主义教育重要基地。爱国主义是一个永恒的话题。在新的历史时期，国际形势复杂多变，国际竞争异常激烈。在这种情况下，宣传爱国主义、弘扬爱国精神，对于增强民族自尊心和民族凝聚力具有重要意义。博物馆中保存了丰富的爱国主义素材，这些素材是文献资料所无法替代的。除中国革命博物馆中陈列的革命先烈抛头颅、洒热血、前赴后继闹革命的物证以外，其他博物馆也珍藏着许多爱国主义教育的内容。比如，半坡博物馆有6000年前的村落遗址以及遗址中出土的彩陶；宝鸡青铜器博物馆有种类繁多的商周青铜器；秦始皇陵兵马俑博物馆有气势磅礴的地下军团；阳陵博物馆有栩栩如生的汉兵马俑；茂陵博物馆有古朴豪放的大型石刻；汉台博物馆有价值连城的石门十三品；乾陵博物馆有光彩夺目的壁画；法门寺博物馆有精美绝伦的金银器；耀州窑博物馆有名闻遐迩的瓷器；碑林博物馆有千姿百态的造像和内容丰富的书法作品；咸阳博物馆、延安革命纪念馆和陕西历史博物馆也有大量的珍贵文物。这些文物或展现先民生产、生活的场景，或展现商周时代发达的青铜文化，或展现蓬勃向上的秦汉雄风，或展现开放、繁荣的唐代文明，都是中华民族奋发图强的历史见证，凝聚着中华民族的创造力和向心力，可以激发人们热爱祖国的思想感情。可以说博物馆具有强大的社会功能，它不仅是获取知识、启迪智慧的殿堂，而且是进行爱国主义教育的阵地。

然而，对于大多数青少年而言，能够参观博物馆的机会毕竟是有限的。他们要上学，没有时间到全国各地的博物馆参观学习。习近平总书记在参观西安博物院时发表重要讲话，要求“让文物活起来”，实际上就是优化文物的展示方式，让进入博物馆的人更好地了解文物，让无法进入博物馆的人也能对文物有所了解。张君升先生和蒙刚先生对博物馆的社会功能和青少年的实际情况都有充分的认识，因而专门编写了这套《在博物馆里富养孩子》。全书按照周秦汉唐的时代顺序，分为《周礼天下》《秦皇帝国》《大汉雄风》《盛唐气度》四册，以博物馆里的珍贵文物为主要对象，展示了周秦汉唐时代的历史风貌和社会文明。其目的就是要让广大青少年足不出户，认识收藏在各地博物馆中的珍贵文物，感悟博大精深的传统文化。

在这套书中，作者首先介绍了中国百年考古历史和不一样的陕西。在此基础上，以通俗的文字和配图描述了周秦汉唐社会发展演变的基本线索，进而选择具有典型性的精美文物，展示文物图片，注明文物的名称、用途、出土地点和馆藏地点，通过“文物解密”“史料知库”“超级点评”等版块对该文物进行简明扼要的介绍，或通过“米朵”“俊俊”“晨晨”“记者”等虚拟人物与相关文物或人物的对话，生动形象地对所选文物或文化现象进行解读，从而在一定程度上使文物“活”了起来，使青少年可以在轻松愉快的气氛中了解历史、认识文物，学习中国优秀的传统文化，感悟灿烂的中国文明。这套书的优点是既有科学，又有知识性和趣味性，是作者献给青少年的文化盛宴。用中国优秀的历史文化来给孩子补充营养，肯定会收到良好的效益。当然，家长阅读这套书，对提升自己的人文素养也是有好处的。

陕西师范大学历史文化学院教授

博士生导师　　王双怀

央视“百家讲坛”主讲人

2022年中秋节 作于觅道斋

为什么要学历史

“有输入，才会有输出”
纵观历史，许多名人贤士开口便引经据典、滔滔不绝
写作时文思泉涌、妙笔生花

学习历史可以使我们积累更多的知识与智慧
大脑就像一个储存知识的蓄水池
水位只增不减，且终生受益

“历史”不仅是一面镜子、一个榜样、一种警示
还是无穷智慧的来源与总结
“知史明智，行以致远”
畅游过历史的孩子
有见识、有思想、有智慧、有格局、有责任、有担当

在生活、学习、工作过程中少走弯路
在历史长河中找到榜样，发现优秀而伟大的精神
从而
精神更富有、格局更广大、毅力更坚强、心胸更开阔、生命更宽广
在人生的道路上奋勇前行

坚持“站在当时看当时”的原则
融入当时的历史环境中看历史、分析历史
锻炼孩子的思辨能力，打开孩子智慧的宝库
最终让知识为我们所用

CONTENTS

目录

第一章 一切从长安开始

第二章 文物里的大唐

誠臣聞以孝敬臣竊以孝要於是
以孝理天下也不敢遺小國之臣
言絕異端起而大義乖況泯絕於
源流益別近觀孝經舊注踳駁尤
成言隱浮偽且傳以通經為義義
焉劉炫明安國之本陸澄譏康成
之琬琰庶有補將來且夫子談經
之文義闕今存于疏用廣發揮

一切从长安开始

长安，大唐国都

一座国际化的大都会

中国封建史上一颗璀璨的明珠

举目四海，万国笙歌颂长安，一派盛世气象

今天，就让我们从这里走进长安

大唐王朝

建 立 者 李渊

时　　间 618~907年

国　　都 长安

历经帝王 21位

政治制度 三省六部制

国　　祚 289年

成　　就 “贞观之治”
“开元盛世”

历史影响

1.唐朝是一个富强繁荣、四夷宾服、万邦来朝、影响深远的大一统王朝。

2.唐朝与阿拉伯帝国是当时世界上最强盛的两大帝国，通过丝绸之路进行贸易、文化交流，大唐声威远播四海。

3.诗仙李白、诗佛王维、诗圣杜甫，书法家柳公权、颜真卿，音乐家李龟年，画圣吴道子等一大批先贤创造了灿烂的大唐文明。各国使者、留学生、传教士在长安这个国际化的大舞台上交流、学习，推动了长安与世界文明的交融。

4.755年，“安史之乱”爆发后，国力逐渐衰退，藩镇割据、宦官专权，各地起义不断，907年唐朝灭亡。

晋阳起兵 定都长安

隋朝末年，各地起义频发
617年，李渊在晋阳（今山西省太原）起兵
柴绍迅速响应，支持李渊

李渊带兵南下，沿途除掉宋老生等抵抗力量
直逼隋朝都城大兴城
11月9日，唐军攻入大兴城
13日，李渊立杨侑（yòu）为帝，即隋恭帝，改年号义宁
618年3月，隋炀帝在江都之变中被禁军将领杀死

618年6月
李渊在大兴城太极宫称帝，改国号为唐，年号武德
改大兴城为“长安城”，发行“开元通宝”

此时，全国尚未完全统一
历经浅水原之战、虎牢关之战、洺水之战等
623年3月
辅公祏战败被杀，唐朝基本实现了全国的统一

史料知库

《旧唐书·食货志》中记载：“（唐）高祖即位，仍用隋之五铢钱。武德四年（621年）七月，废五铢钱，行开元通宝钱，径八分，重二铢四絫（lěi），积十文重一两，一千文重六斤四两。”

“开元通宝”四个字由当时的大书法家欧阳询书写，形制仍旧沿用秦方孔圆钱。开元通宝成为唐以后历朝铜钱的范本，沿袭近1300年之久。

三省六部制

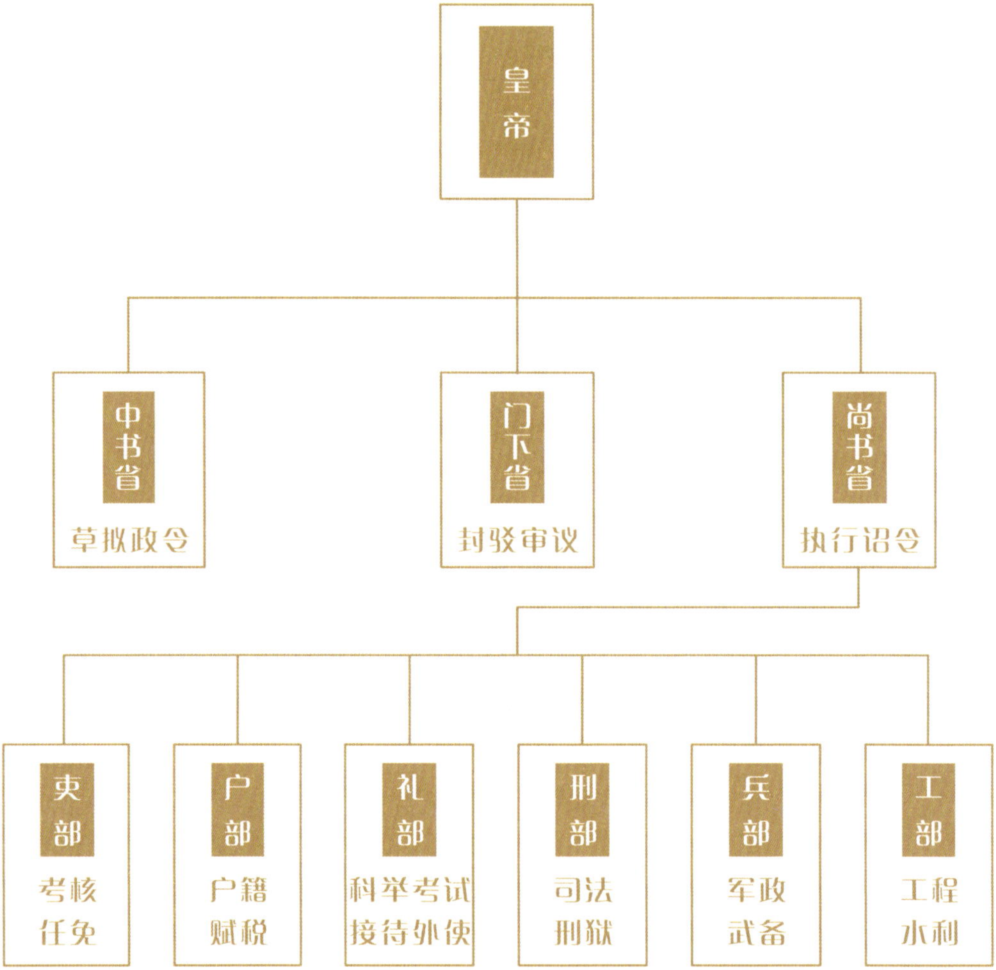

尚书省由左仆射（yè）和右仆射负责相关事务的落实。六部中各部分四司，共二十四司，按照职责负责相关政令执行。各部最高负责人称为“尚书”，其次称为“侍郎”。

三省六部制是当时的中央官制。这一制度使最高权力一分为三，各负其责，相互制约，确保各项政令的准确。这种制度从隋唐开始一直沿用到清朝，对封建王朝的行政体系建设影响了1000多年。

玄武门之变

太子李建成自知战功与威信皆不及李世民，心有忌惮，就和弟弟齐王李元吉联合，一起排挤和陷害李世民，而李世民被逼无奈进行反击。

场景一 秦王府密谋

我们不能坐以待毙，应该先发制人。秦王李世民与秦王府的谋士商议后决定在玄武门伏击李建成、李元吉。

场景二 玄武门设伏

武德九年六月初四（626年7月2日），玄武门守将常何作为内应，安排秦王府的人马设伏于玄武门。

场景三 兄弟残杀

清晨，建成、元吉刚进玄武门，城门随即关闭，双方经过激烈的战斗，建成、元吉被射杀。

场景四 李渊禅位

晚年丧子的李渊悲痛万分，无心管理国家，禅位给李世民，退位做了太上皇。

智解长安之危

“竭泽而渔”的意思是把水塘里的水放干，这样就方便抓鱼了。侯君集运用这种方法成功地化解了长安的危机，使长安免遭一场战火。

场景一 密谋攻城

你们打扮成饥民的样子，明天早上城门打开的时候，你们随饥民一起进城，晚上的时候把各个路口堵死，放火烧了长安城。

场景二 饥民入城

“快关城门、快关城门、快关城门……”大将侯君集大声呼喊，“阿史那思摩”的士兵扮成饥民涌入了长安城。

场景三 临危受命

大将侯君集临危受命，在长安城门外设置了20千米长的粥棚煮粥，离城门最近的锅里不放米，由近到远米慢慢增加，饥民得知城外有免费的粥，全都跑出城，都往最远的地方去喝粥（因为最远的地方粥最稠）。

场景四 捉拿敌军

唐军出动，将没有出城喝粥的饥民全部捉拿，同时抓到了他们的将军“阿史那思摩”，长安城安然无恙。

千宫之宫 大明宫

没有一座宫殿

像大明宫一样展现着万国来朝的盛世景象

没有一座都城

像长安一样讲述着中华民族最灿烂的记忆

没有一个朝代

像大唐一样令后人无比自豪与骄傲

被誉为“天朝”的大唐书写了中华文明史上民族友好交流的千秋佳话

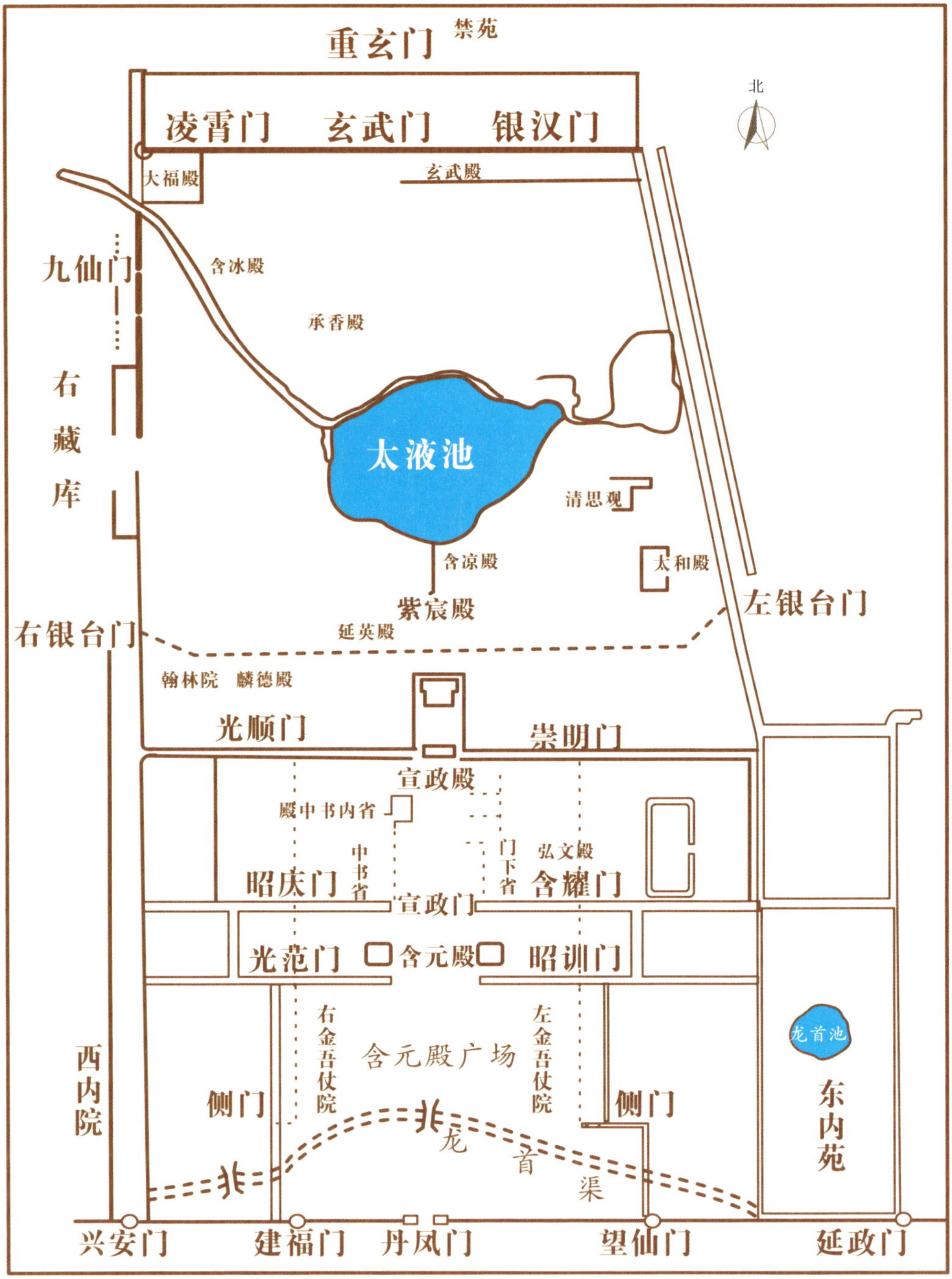

大明宫，占地约333公顷，先后有17位皇帝在这里居住、办公，接受外邦使者朝拜。这里将封建社会推向最高点，成为世界的中心。大明宫不仅蕴藏着一个帝国消失已久的秘密，也记录着一个时代永恒的记忆。

大唐长安城

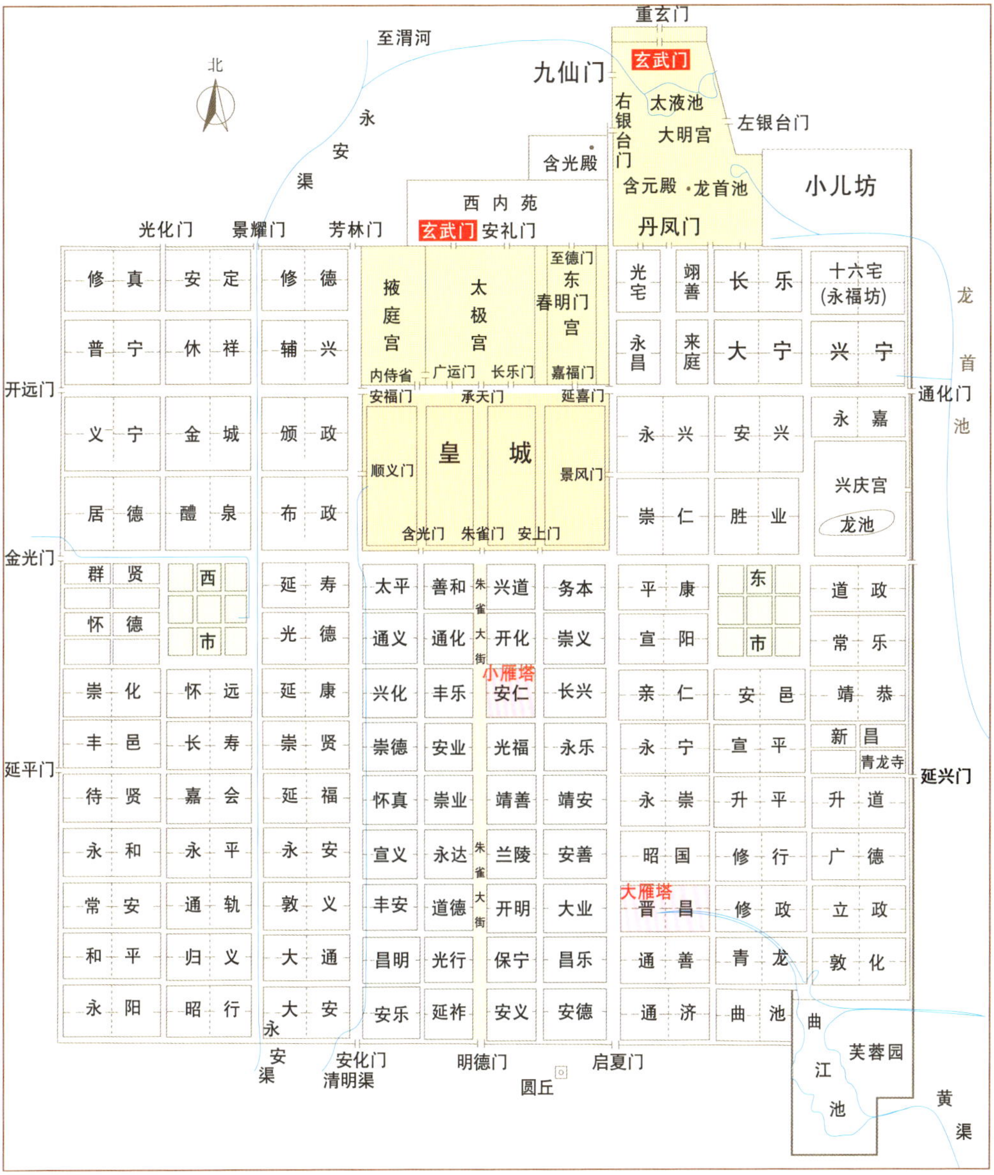

长安城始建于隋，由宇文恺主持设计，隋时称为“大兴城”，唐朝建立后改名为“长安城”，寓意“长治久安”。长安城内居住的不仅有本土居民，还有旅居大唐的西域胡商、使节、学生、传教人士等。

名人访谈 圣都长安

“百千家似围棋局，十二街如种菜畦。”这是白居易对长安城的描写，形容长安城规整得就像棋盘、菜地。今天，由大诗人白居易为我们解读长安城。

小记者 大诗人，您好！请您给我们介绍一下长安城。

白居易 好的，长安城是隋朝宇文恺主持设计的，占地面积约84平方千米，以宽130余米的朱雀大街为中轴线，南北设11条大街，东西设14条大街，形成了108坊和东西“两市”（不同时期，坊数量有变化）。

小记者 各功能区具体是怎么划分的呢？

白居易 整个城市分为“宫城、皇城、外郭城”三大部分，宫城是皇帝居住、处理朝政的地方，皇城是政府的办公场所，外郭城由居民区、东西市、曲江池、寺院组成。

小记者 我看居民区被划分成了方正的“坊”，这样的规划有什么好处呢？

白居易 这主要是为了方便管理，“坊”就像现在的街区，除了皇城以南的36坊东西开门以外，其他坊大多数都是四面各开一门，方便进出。

小记者 为什么说长安城是“政治性”非常强的城市？

白居易 古代“重农抑商”，对商业发展有很多限制，长安城实行严格的“坊市”制度，所有的商品贸易只能

在“东市”和“西市”两大市场进行，其他地方不允许进行商品交易，坊的四周没有任何一家商店。当时东西市各占地1平方千米，是世界上最大的商品交易区。

小记者 为什么“西市”比“东市”更繁荣？

白居易 由于东边的地势比较高，长安的达官贵人都居住在东边，加上东市离“大明宫”“太极宫”“兴庆宫”非常近，所以“东市”主要服务于上层的达官贵人。“西市”周围存货库房便宜，也是丝绸贸易的起点和终点，因而西市比东市更为活跃，是当时最大的商贸中心。据考古证实大唐西市占地约107公顷，商铺4万多家，涉及220个行业。

小记者 中国传统的建筑风格在长安城是怎么表现的？

白居易 有，你看皇城南36坊只开辟东西街和东西门，不开南北街和南北门，这就是古人讲究的“不欲开北街泄气，以冲城阙”。

小记者 长安城全年都实行“宵禁”吗？

白居易 每到正月十五上元佳节或每逢重大节日时，便解除宵禁。平日里每当夜幕降临时，百姓就不能在坊外的主街上随意游走，如有违反，被巡夜的官兵发现，即予以重罚。但如有疾病需外出救治时，需要向坊内的“里长”报备，取得批准后方可出门。

小记者 长安城的建制在历史上有什么影响？

白居易 日本的京都、奈良都是仿照咱们长安城建的，历代的城市设计都延续了长安城“棋盘”式的格局。

长安诗坛 大放光彩

唐人甲： 白居易大人这两天又写了一首新诗，描写咱们长安城的，谁读过？

唐人乙

唐人乙： 没有。

唐人丙： 还没有，你发出来，让大伙一起赏读一番。

唐人甲： 好的，马上。

登观音台望城

唐·白居易

百千家似围棋局，十二街如种菜畦。
遥认微微入朝火，一条星宿五门西。

唐人甲

唐人乙： 哎呀，写得真不错。

唐人丙： 长安城让他这般描写，真是形象，像棋盘、像菜地，不是一般的妙！真是太好了，我回家抄下来让我那几个小子好好学学。

唐人甲： 别急别急，我这还有大诗人王维的一首诗让你们看看。

唐人乙： 那还不赶紧发出来呀！

唐人丙

和贾舍人《早朝大明宫》之作

唐·王维

绛帻鸡人报晓筹，尚衣方进翠云裘。
九天阊阖开宫殿，万国衣冠拜冕旒。
日色才临仙掌动，香烟欲傍衮龙浮。
朝罢须裁五色诏，佩声归到凤池头。

唐人甲： 我有幸生在长安，生活在这个国际化的大都会里，心里真是满满的自豪感。

五品以上 不得入市

嘉奖令

张衡现为四品令史，工作勤勉、业绩突出，现计划擢（zhuó）升为三品，希望你努力工作，为大唐做出新贡献。

大周吏部

封建社会“重农抑商”，将人划分为“士、农、工、商”四个等级，商人处于社会的末流。商贾被视为“贱类”，严禁百官入市。

贞观元年（627年）十月、二年十二月，唐太宗多次颁布禁令：“五品以上，不得入市。”779年，唐德宗李适又下诏“禁百官署邸贩鬻（yù）”。张衡违反了唐律中“官员不得随意入市”的规定，未能得到升迁。

检举信

陛下：

张衡擢升为三品官员不妥，他曾下朝在商场买饼，且骑在马上吃，这种行为严重影响了大唐官员的形象，不能擢升。

大周御史

长安城三日游

第一天：大唐西市

长安城的“东市”和“西市”是商品交易中心
其中西市最为繁荣，有“金市”之美誉
这里是消费者的天堂，是商人致富的理想之地
是东西方文化交流的舞台，是大唐多元文化的缩影
是丝路的起点和终点

大唐西市占地约107公顷，建筑面积100万平方米
拥有4万多家商铺，涉及220多个行业
成为占地面积最大、业态最丰富、辐射范围最广的
贸易交流中心和文化交流中心

《长安志》记载：
西市位于平民聚居之地，西域胡商、百姓云集
这里不仅商业繁荣，还发生了许多趣闻轶事
大唐的许多文人墨客曾流连于此
诗仙李白在这里留下了许多脍炙人口、流传千古的诗篇

丝绸之路不仅是一条贸易之路
还是一条文化之路
它将黄河文明与地中海文明连接起来
相互交流、相互学习、相互融合、相互促进
使人类文明因交流更文明

场景一 卖炭翁

卖炭翁

唐·白居易

卖炭翁，伐薪烧炭南山中。
满面尘灰烟火色，两鬓苍苍十指黑。
卖炭得钱何所营？身上衣裳口中食。
可怜身上衣正单，心忧炭贱愿天寒。
夜来城外一尺雪，晓驾炭车辗冰辙。
牛困人饥日已高，市南门外泥中歇。
翩翩两骑来是谁？黄衣使者白衫儿。
手把文书口称敕，回车叱牛牵向北。
一车炭，千余斤，宫使驱将惜不得。
半匹红绡一丈绫，系向牛头充炭直。

大唐西市中午开市，卖炭的老翁来早了，正在泥泞的门口等着，结果宫里来了两个恶吏，拉走了这一车炭，只给了老翁半匹红绡一丈绫。

史料知库

1.唐朝时的燃料主要是木材，而木材烧砖成本太高。因此，唐朝的路面没有铺砖，只能“市南门外泥中歇”。

2.“牛困人饥日已高”中的“日已高”说明已经到了中午，这位卖炭老伯为何不进去呢？原来是正午的时候，西市必须击鼓200下方可开市营业。

3.“半匹红绡一丈绫，系向牛头充炭直。”宫里的使者没有给老伯付钱，而是给了“半匹红绡一丈绫”，因为唐朝实行“钱帛兼行”的货币制度，“绢帛”可以当货币来使用。

场景二 诗仙李白

看！李白正在胡人的酒肆里欣赏歌舞，喝得酩酊大醉。西市可以说是李白潇洒快意人生之地。

史料知库

“五陵年少”即指汉高祖长陵、惠帝安陵、景帝阳陵、武帝茂陵、昭帝平陵周围豪富之家的子弟，代指豪侠少年或纨绔子弟。

场景三 智商窦义

长安商人窦义（yì）买到了大唐西市一片水塘，为了将其填平盖商铺，他举办了“砸旗子奖蒸饼”的活动，大家积极参与其中，没过几天水塘填满了，窦义盖了商铺出租，租金颇丰。这是大唐最成功的商业地产。

场景四 长安胡风

和李校书新题乐府十二首·法曲

唐·元稹

自从胡骑起烟尘，毛毳腥膻满咸洛。

女为胡妇学胡妆，伎进胡音务胡乐。

长安有一股风，那就是“胡风”。唐人喜欢穿胡服、吃胡食、听胡乐、品西域美酒、看胡姬歌舞，整个长安浸染在“胡风”之中。《旧唐书·舆服志》记载：“贵人御馔（zhuàn），尽供胡食，士女皆竟衣胡服。”

胡人俑

“胡饼”是唐人非常喜欢的胡食，长安的胡饼在全国最为有名，卖胡饼的摊铺随处可见。诗人白居易在《寄胡饼与杨万州》中写道：“胡麻饼样学京师，面脆油香新出炉。”胡人、胡服、胡食、胡乐、胡姬、胡舞的出现给长安增添了异域文化气息，长安人的生活绚丽多彩，体现了大唐开放、包容的思想。

这件唐彩绘戴笠帽骑马女俑头戴一顶黑色的笠帽，上身穿白色的上衣，外套花边半袖，下身穿条纹长裙，脚穿尖头鞋子，真实再现了大唐女性身着胡服的形象。

这件彩绘胡服女立俑于1952年在陕西省咸阳市杨谏臣墓出土，身上有“阿谏”二字，这是一位身着胡服的大唐女性，她头戴锦帽，身穿翻领小袖上衣，腰束革带，下穿绿色裤子，脚穿红色锦鞋。胡服成为大唐女性一种时尚的服饰。

第二天：大唐东市

"东市"位于朱雀大街以东

因靠近"太极宫、大明宫、兴庆宫"三大内

加之周围居住的都是达官显贵

故东市奢侈品居多

东市和西市一样，实行严格的开市闭市制度

《唐六典》中记载：

凡市，以日午击鼓三百声，而众以会

日入前七刻，击钲三百声，而众以散

为了确保商品交易平稳进行

政府设平准署与常平仓，平准署是当时的物价机构

而常平仓则是国家用于调节粮价的粮库

储备有粮食、食盐等大量生活物资，以便随时抑制物价

打击囤积居奇的非法牟利的商人，确保市场价格平稳

在近几年的考古发掘过程中发现了

玉器、铜器、开元通宝及写有"某家酒店"字样的瓷片

这些出土的文物证实了文献中有关东市的记载

"市内货财二百二十行，四面立邸，四方珍奇，皆所积集……"

场景 倾囊买琴

长安"东市"有人正在卖一把古琴，要价极高，看的人很多，就是没人买。陈子昂看后，倾囊买下，惊呆了所有在场的人，陈子昂说道："我生平最擅长弹奏这种乐器，只恨未得焦桐，今见此琴绝佳，千金又何足惜。"大家都说："好好好，愿洗耳恭听。"陈子昂说："敬请诸位明日到宣阳里寒舍来，我为大家弹奏。"

第三天：宣阳里

场景 **陈子昂摔琴**

“我平时善写诗文，今日邀众宾共赏。”说罢，陈子昂将琴在地上摔得粉碎，接着将写好的文章散发给众人赏阅，众人看后争相称赞传诵，陈子昂很快名扬长安。

安史之乱 帝国没落

755年12月16日
范阳、平卢、河东三镇节度使安禄山在范阳起兵
史思明快速响应，两人带兵反唐，史称“安史之乱”

安禄山以“忧国之危，讨伐杨国忠”为口号，率军南下
12月12日，安禄山攻陷洛阳
守将李憕、御史中丞卢奕不降被杀。叛军抵达潼关，直逼长安

常清、高仙芝镇守潼关时
唐玄宗听信宦官边令诚的谗言，将其二人杀害
重新起用重病的哥舒翰，令其率军20万，镇守潼关
唐玄宗接到叛军“兵不满四千，皆羸（léi）弱无备”的消息
加上杨国忠的鼓动，于是令坚持防御的哥舒翰出关平叛
哥舒翰被逼无奈率军出关，不幸惨遭埋伏，大败
潼关失守，长安陷落
唐玄宗狼狈西逃途中发生“马嵬（wéi）兵变”
奸人杨国忠被杀，杨贵妃被赐死

唐 · 李昭道 /《明皇幸蜀图》

《旧唐书·郭子仪传》记载："宫室焚烧，十不存一，百曹荒废，曾无尺椽。中间畿内，不满千户……为人烟断绝，千里萧条。"战争致使劳动力严重缺乏，税收不足，统治阶级对人民的压榨更加严重、矛盾日益激化。"安史之乱"给国家带来了深重的灾难，大唐由此走向衰败。

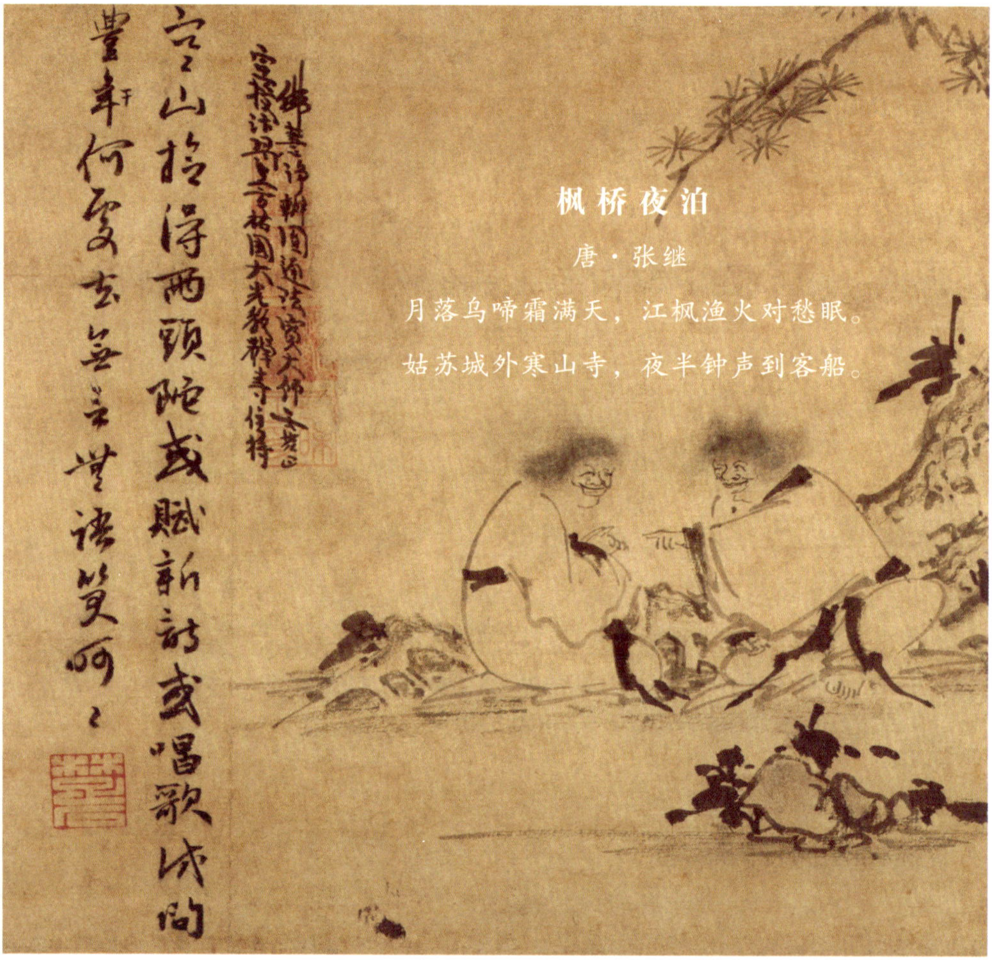

"安史之乱"爆发以后，人们纷纷逃往安定的江浙一带避难，张继就是其中之一。秋夜，诗人乘船至苏州城外的枫桥，江南水乡的美景深深地触动了这个异乡的客人，张继随即写下了这首意境隽永的诗词。这首诗充分地表现了他对家国之忧及身处乱世尚无归宿的顾虑。

“安史之乱”后的长安残破凋零，“城春草木深”中一个“深”字饱含了杜甫的哀叹，“家书抵万金”表达了对亲人的牵挂与思念。

春　望

唐·杜甫

国破山河在，城春草木深，
感时花溅泪，恨别鸟惊心。
烽火连三月，家书抵万金，
白头搔更短，浑欲不胜簪。

石壕吏

唐·杜甫

暮投石壕村，有吏夜捉人。
老翁逾墙走，老妇出门看。
吏呼一何怒！妇啼一何苦！
听妇前致词：三男邺城戍。
一男附书至，二男新战死。
存者且偷生，死者长已矣！
室中更无人，惟有乳下孙。
有孙母未去，出入无完裙。
老妪力虽衰，请从吏夜归，
急应河阳役，犹得备晨炊。
夜久语声绝，如闻泣幽咽。
天明登前途，独与老翁别。

《石壕吏》为唐代大诗人杜甫所作，与《新安吏》《潼关吏》统称“三吏”。《石壕吏》描写的是差吏到石壕村乘夜捉人征兵的情景，表达了诗人对苦难中人民的同情。

758年，为平息“安史之乱”，郭子仪、李光弼等9位节度使率兵20万围攻安庆绪所占的邺郡（今河南安阳），由于史思明派军增援，唐军溃败。唐军退守河阳抽丁补充兵力，杜甫在赴华州上任途中，在石壕村见到差吏深夜捉人时有感而作《石壕吏》。

763年，史思明的儿子史朝义兵败自杀，其他叛兵先后投降，持续了8年的“安史之乱”结束。杜甫听闻欣喜若狂，随即写下了《闻官军收河南河北》这首诗。

闻官军收河南河北

唐·杜甫

剑外忽传收蓟北，初闻涕泪满衣裳。
却看妻子愁何在，漫卷诗书喜欲狂。
白日放歌须纵酒，青春作伴好还乡。
即从巴峡穿巫峡，便下襄阳向洛阳。

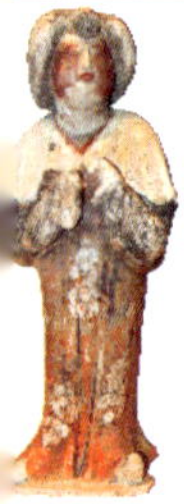

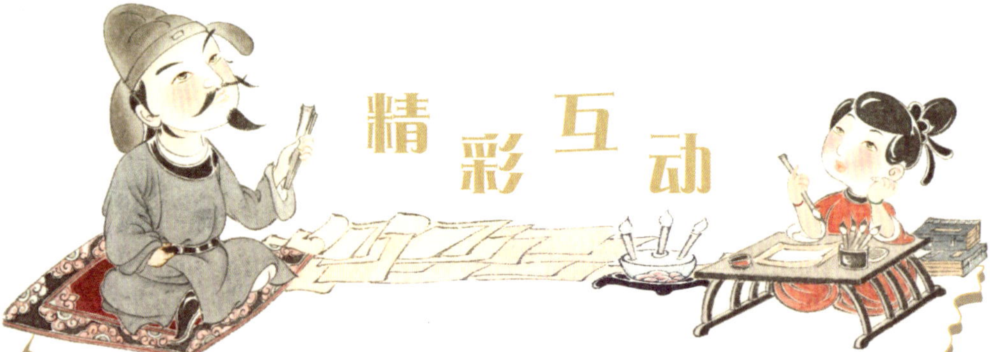

精彩互动

1.请用一句诗词形容长安整齐划一的布局。

A.国破山河在，城春草木深。

B.五陵年少金市东，银鞍白马度春风。

C.百千家似围棋局，十二街如种菜畦。

D.床前明月光，疑是地上霜。

2.为什么“西市”比“东市”繁荣？

A.房租便宜

B.丝绸之路的起点、终点

C.比较偏远

D.面积较大

3.长安城的朱雀大街大约有多宽？

A.60米　B.100米　C.130余米　D.30米

4.下面哪句诗词描写了李白在长安的快意人生？

A.落花踏尽游何处，笑入胡姬酒肆中。

B.日照香炉生紫烟，遥看瀑布挂前川。

C.碧玉妆成一树高，万条垂下绿丝绦。

D.白毛浮绿水，红掌拨清波。

答案：1.C　2.AB　3.C　4.A

文物里的大唐

1970年，西安何家村惊现1000余件大唐稀世珍宝

1987年，法门寺地宫出土了2499件唐代皇帝供佛法器、生活器具

1982年，江苏丁卯桥发现了900多件唐朝生活器具

由此可以想象乾陵里的陪葬品有多精美

如果有朝一日乾陵开启，必将再次震惊世界

丝路瑰宝 俏色天成

名　　称：镶金兽首玛瑙杯
用　　途：酒器
出土地点：1970年陕西省西安市何家村
馆藏地点：陕西历史博物馆

《旧唐书》记载："开元十六年，大康国献兽首玛瑙杯"
说明这个器物有可能是西域进献的贡品
大康国是今天的乌兹别克斯坦地区
这件镶金兽首玛瑙杯是中外文化交流的见证

米　朵　你好，听说你是陕西历史博物馆的镇馆之宝，你是用来做什么的啊？

玛瑙杯　我是一件饮酒器，形似漏斗，呈瑞兽状，从大口处将酒倒入，饮酒时将前端金塞拔下，从小口处就可以饮用了。

米　朵　你的造型是什么动物啊？

玛瑙杯　我既像羚羊又像牛，是用整块缠丝玛瑙雕琢而成。牛角向后自然弯曲，后边与杯口处相连，耳朵自然舒展，这种器型是由西域文化影响所形成的。

米　朵　你的样子很特别，和中国传统的酒杯就是不一样。

玛瑙杯　我是通过丝绸之路传进来的，在西方我叫"来通"，这个词是从古希腊语演化过来的，是"流出"的意思。从大口把酒倒进去，从小口处喝，从饮用方式上讲，据推测饮用的物质应该比较黏稠，如果比较稀的话，金塞一打开将喷射而出，不便饮用。

米　朵　你的器型怎么这么精美？

玛瑙杯　我是一件色泽饱满、做工精细、形象逼真、艺术感极强的酒器，是当时东西方文明交流的结晶，也是一件集权力和财富为一体的酒器。

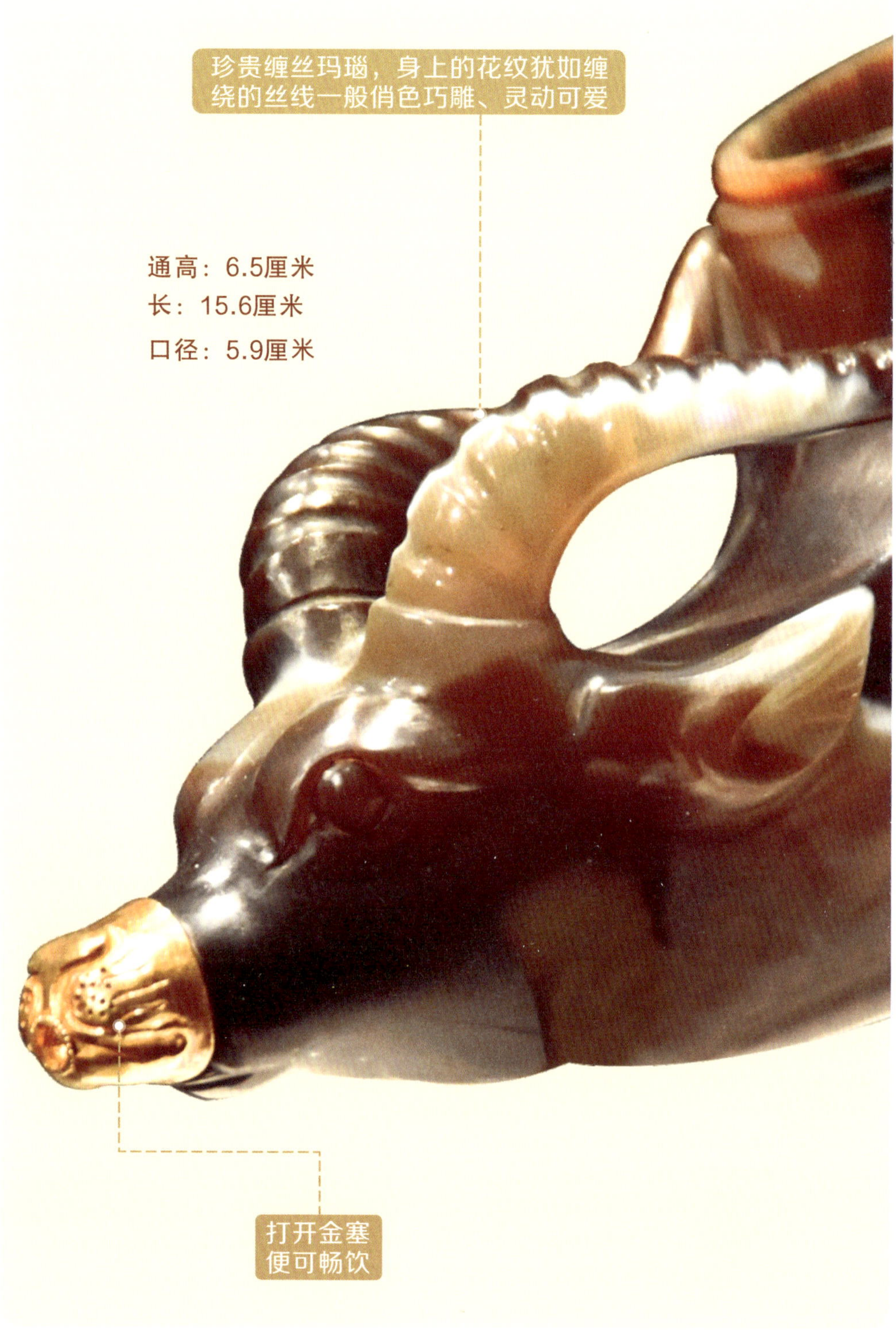
珍贵缠丝玛瑙，身上的花纹犹如缠绕的丝线一般俏色巧雕、灵动可爱
通高：6.5厘米
长：15.6厘米
口径：5.9厘米
打开金塞便可畅饮

大唐·玉器

《唐律疏议》记载：

“器物者，一品以下，食器不得用纯金、纯玉”

虽有严格规定，但唐人对玉器情有独钟

异域特色 艺术珍品

玛瑙长杯： 1970年出土于西安市何家村窖藏，共2件，纹理清晰，色泽莹润，是一件带有强烈异国色彩的艺术珍品，现藏于陕西历史博物馆。

中西交融　素雅奢华

名　　称：白玉忍冬纹八曲长杯

用　　途：酒器

出土地点：1970年陕西省西安市何家村

馆藏地点：陕西历史博物馆

白玉忍冬纹八曲长杯以和田玉精雕而成
八曲长椭圆形为异域的萨珊式风格
不仅体现了大唐工匠精湛的雕琢工艺，也是中西文化交融的见证

米　朵　老师，这个杯子很别致、很新颖呀！

讲　师　这是白玉忍冬纹八曲长杯，器型特别，雕刻精美，是唐朝贵族非常喜欢的一种酒器。此杯呈八曲椭圆状，在口沿处形成莲花的造型，杯身以忍冬纹进行装饰。

米　朵　为什么要用忍冬纹进行雕饰呢？

讲　师　《本草纲目》记载，忍冬，又称金银花，久服轻身，长年益寿，忍冬纹寓意健康长寿。

米　朵　这件文物有什么重要历史意义呀？

讲　师　你看，杯子造型为异域萨珊式风格，纹饰却是中国传统的忍冬纹，是一件典型的中西方文化融合的酒器。由于陆上丝绸之路运输条件非常有限，因此所运输交易都是“小而轻且贵重”的商品。

水晶八曲长杯

中塔友谊　盛唐见证

名　　称：骨咄（duō）玉带銙（kuǎ）

用　　途：佩饰

出土地点：1970年陕西省西安市何家村

馆藏地点：陕西历史博物馆

骨咄国是大唐帝国的友好邻邦
位于今天的塔吉克斯坦和阿富汗之间
骨咄玉带銙见证了中国和塔吉克斯坦友谊的源远流长

米朵：老师，这个带銙是做什么用的？

讲师：这是衣服上的一种饰品，也是身份等级的一种体现。（具体详见188页表格）

米朵：好的，这种玉是哪里产的？

讲师：产自当时的“骨咄国”，大概就是现在的塔吉克斯坦。当时和大唐已经有联系，唐玄宗曾亲自写下《册骨咄国王罗金节为叶护文》，册封其为叶护，授予“骠骑大将军”职位。

米朵：大唐皇帝可真厉害，那什么是“叶护”呢，这件文物有什么意义？

讲师：“叶护”是当时回纥、突厥等民族的官名，地位仅次于可汗。这件文物是大唐与中亚、西亚诸国贸易、频繁交流以及文化相互交汇与融合的见证。

九环白玉蹀躞（dié xiè）带銙

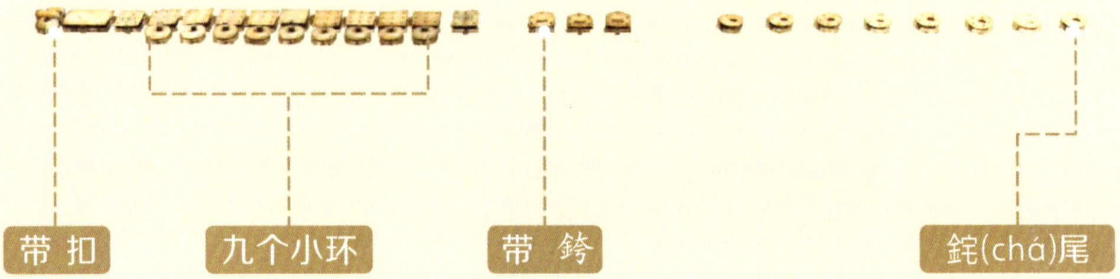

匠心构造 高贵奢华

名　　称：镶金白玉臂环

用　　途：饰品

出土地点：1970年陕西省西安市何家村

馆藏地点：陕西历史博物馆

玉臂环构思精巧，做工精细，富丽奢华
将白玉和黄金两种不同颜色、质地稀有的材料完美结合
“金镶玉”寓意“金玉满堂”，象征财富和才学

米　朵　老师，这一对臂环很漂亮呀！

讲　师　是啊，你仔细看，这是以金合页将三段弧形玉连接而成。

米　朵　玉连接的地方是不是可以活动？

讲　师　是的，可以活动。玉的两端包着金兽首形合页，用金辖连接，其中的一个辖可以灵活地插入、拔出，佩戴非常方便。

米　朵　那戴到手腕上一定很漂亮哦！

讲　师　非常奢华。

局部效果图

大唐·金银器

唐朝是金银器发展最繁荣、最鼎盛的时期
数量大、种类全、工艺精
同时吸收了全世界最优秀的制作工艺
大唐的金银器纹饰精美、富丽堂皇，光耀千载

体重只有“九两三”

名　　称：鸳鸯莲瓣纹金碗

出土地点：1970年陕西省西安市何家村

馆藏地点：陕西历史博物馆

“墨书题记”

是古人通过“字迹和重量”对金银进行保存管理的方法

核验时如果“字迹”和“重量”与当初不符，说明已被掉包

米　朵　师傅，这个碗是用来做什么的？

工　匠　这应该是用来喝酒的。来，往前走，你看碗内侧的三个字是什么？

米　朵　是“九雨王”，写这个是什么意思？

工　匠　这三个字是“九两三”，是为了防止别人偷换掉包所写，古人通过“字迹和重量”对金银进行管理，这叫“墨书题记”。

米　朵　啊，原来是这样。碗外侧和碗底的花纹好漂亮呀！

工　匠　对，你看得很仔细，碗的外侧有两层莲瓣纹，上层莲瓣錾刻有鸿雁、鹤翎（hè líng）、鹦鹉、鸳鸯、兔、狐、鹿等奇珍异兽。表现的是一种动态的生活画面，这些动物有的展翅飞翔，有的站立栖息，有的左右张望，有的奋力狂奔，各个形象生动、栩栩如生。下层莲瓣錾刻的是忍冬纹和如意云头纹，营造出一种动态的画面，与上面动态的画面相结合，展现了自然界和谐灵动、生机勃勃的自然画面。

米　朵　你怎么这么厉害，给你点赞！还有这碗底的小动物是什么啊？

工　匠　这是一只鸳鸯，代表了夫妻“百年好合”。鸳鸯象征着爱情、象征着幸福、象征着夫妻恩爱。碗底的一圈小珠子是“鱼子纹”，象征着多子多福。

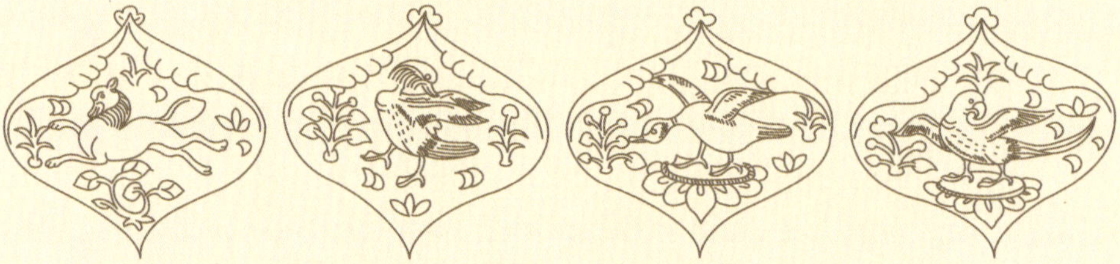

史料知库

1.《唐律疏议》记载："器物者，一品以下，食器不得用纯金、玉。"由此可知，金银器最主要的使用者应该是皇室贵族。当然，也会作为皇帝奖励有功的大臣时的赏赐。

2.《唐摭言》记载：唐文宗在赏赐大臣美酒时"命赐酒二盘，每盘贮十金碗，每碗各容一升许，宣令并碗赐之"。因此，有学者认为金碗在唐代一般是作为酒具使用的。

皇家舞马 不再得见

名　　称：鎏金舞马衔杯纹银壶

用　　途：酒器

出土地点：1970年陕西省西安市何家村

馆藏地点：陕西历史博物馆

“马者，兵甲之本，国之大用”

马长期以来都是国家重要的战略物资

唐朝除了在战争、邮驿、交通方面使用以外

马还经常出现在贵族各种娱乐活动中

米　朵　这个壶身两侧的“舞马”你是不是很熟悉？

高力士　那是！这是当时宫廷里的舞马，每年的八月初五皇帝过寿辰时，便会将舞马牵来伴随着音乐翩翩起舞，以此为皇帝祝寿。

米　朵　听说场面非常壮观，请你给大家描述一下。

高力士　壮观的场面时常浮现在我的脑海里，皇帝生日当天，这些马穿着华丽的衣服，鬃（zōng）毛处有一个系花结的带子，脖子下挂着一个精美的铃铛，当乐舞响起的时候，这些马会踏着节拍一起跳舞。

米　朵　我看到马嘴里有一个酒杯，这个是做什么的？

高力士　在乐曲快结束的时候，这些舞马身体半蹲，前腿绷直，嘴里衔起酒杯给皇帝祝寿，将整个活动推向高潮，逗得皇帝、贵妃、大臣们笑得都很开心。

米　朵　那酒杯里的酒是不是被马喝了？

高力士　是的，马跳累了渴了，就直接给喝了。当时的诗人描写道：“更有衔杯终宴曲，垂头掉尾醉如泥。”这是当时场景的真实写照。

米　朵　这个壶做得很漂亮，给我们大概介绍一下吧。

这是一个酒壶，扁平的形状是仿照北方契丹族皮囊壶的样子做的，壶上方有一个提梁，上方一侧有一个圆形的口，口上有一个倒形鎏金莲花瓣的壶盖，用链子将它和壶身连在一起。底下有个圈足，圈足内墨书“十三两半”。

高力士

史料链接

据《明皇杂录》记载：唐玄宗当时在宫中养了一批舞马，常常亲自指导训练，让马随着音乐跳舞，场面宏大、整齐划一。每当唐玄宗李隆基过生日的时候，这些马在现场助兴，马时常会衔起酒杯到唐玄宗面前祝寿，“更有衔杯终宴曲，垂头掉尾醉如泥”就是舞马的真实写照！

755年，“安史之乱”爆发后，唐玄宗弃城外逃，这批舞马便散落到安禄山的大将田承嗣手中。有一天，军中宴乐，舞马听见乐曲应声起舞，士兵以为是妖马，将其鞭打而死。

舞马衔杯祝寿的场景慢慢消失在历史长河之中，很庆幸这件文物给我们述说着那段历史，这件鎏金舞马衔杯纹银壶成为大唐王朝国运兴衰的最好见证者。

西域“神鸟” 华丽富贵

名　　称：鎏金鹦鹉纹提梁银罐

用　　途：盛放炼丹药物

出土地点：1970年陕西省西安市何家村

馆藏地点：陕西历史博物馆

这是一件器形饱满大气、制作精美的艺术精品
将实用性、艺术性、文化性完美结合
尽显“择一事、爱一生”的匠心精神

2021年6月18日　　星期五　阴

今天下午，我和爸爸在陕西历史博物馆看到了很多国宝级文物，老师对文物进行了有趣味、详细的讲解，让我们受益颇多。

在何家村遗宝的特展里，我们看到了鎏金鹦鹉纹提梁银罐，这个银罐通体以象征着多子多福的“鱼子纹”做底，上面有盖，用葡萄等纹饰进行装饰，罐体的肩上有提梁，提梁与罐体用好似“鸳鸯”的造型进行连接，罐体用鹦鹉纹作为主要纹饰。在唐朝，多彩艳丽的鹦鹉被称为“神鸟”，它能学人说话，引起了人们的好奇心和创作的灵感，深受人们的喜爱，周围用其他元素进行装饰。

盖里边用墨书写有“紫英五十两”“白英十二两”，紫英和白英是“壮元气”“补不足”“久服轻身延年”的药物，这些是炼丹时必不可少的原材料，也是制作“五石散”的主要原料，同时还发现了炼丹所需的“金箔（bó）”，说明这个罐是用来存放炼丹原材料的。众所周知，唐代统治者尊崇道教，迷信道教丹药，认为服食丹药可长生不老。

巧思于内 香飘于外

名　　称：葡萄花鸟纹银香囊（náng）

用　　途：熏香

出土地点：1970年陕西省西安市何家村

馆藏地点：陕西历史博物馆

法门寺地宫的物账碑记载：“香囊两枚，重十五两三分”
唐朝将这种器物称为“香囊”
因此将“熏球”改名为“葡萄花鸟纹银香囊”

讲　师　我们面前看到的是西安何家村出土的“葡萄花鸟纹银香囊”。

米　朵　老师，这个是用来做什么的？

讲　师　香囊是一种熏香器，可以挂在房子里，也可以随身佩戴，在香盂里放上香料，随身佩戴可以起到“香水”的效果，这是唐代贵族女性的标配，生活中必不可少，是一种时尚、高贵的象征。香囊在唐朝很流行，使用很广泛，如唐诗中描写道“红罗复斗帐，四角垂香囊。”

米　朵　哦，听说这个香囊无论怎么晃动，里边的香料都不会撒出来，这是为什么呢？

讲　师　香囊是由两个半球形组成的球形，银制镂空，以钩链进行连接，香囊设计巧妙之处在于下部球体内机环，无论外壁球体随着身体如何转动，机环和香盂在重力的作用下，始终重心向下，里面的香料不会撒出来，这就是“陀螺仪”原理，这种转动灵活、平衡不倒的巧妙构思，让人惊叹。

米　朵　这种原理对于以后的社会发展有什么影响呢？

讲　师　香囊的“陀螺仪”原理在现代航海、航空、航天上被广泛使用。在唐朝时，这种“香囊”可能被丝绸之路上的商人带到了欧洲，欧洲人受到启发将这一原理广泛应用于航空、航海等多个领域。

香囊外径：4.6厘米
金香盂直径：2.8厘米
链　　长：7.5厘米

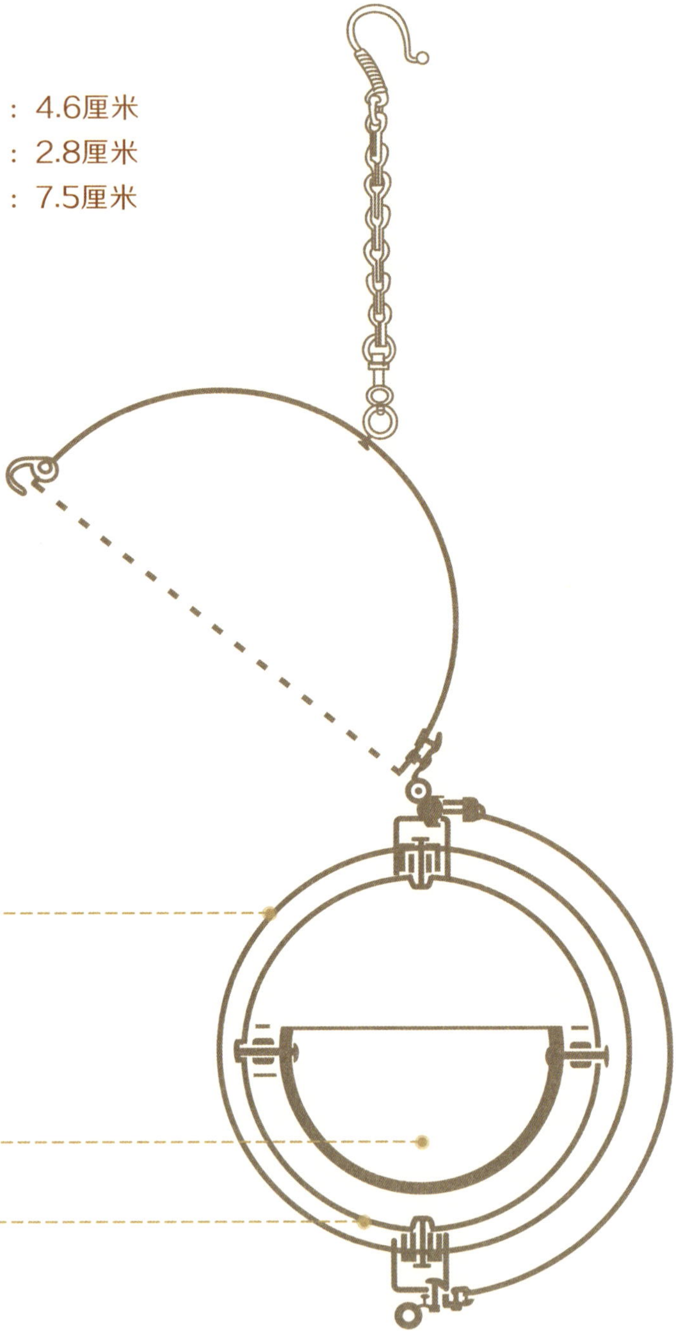

米朵 这个是不是杨贵妃的香囊呢？

讲师 不是，是同款。

米朵 老师，香囊还有什么功能呢？

讲师 香囊不仅可以熏香，还可以作为定情信物。因为是随身之物，恋人之间也常常用它来表达情意。唐代诗人张祜在诗中写道：“蹙金妃子小花囊，销耗胸前结旧香。谁为君王重解得，一生遗恨系心肠。”当玄宗李隆基看到杨贵妃所使用过香囊时，百感交集，以前的生活不断在脑海中浮现。

拂胸轻粉絮，暖手小香囊。
选胜移银烛，邀欢举玉觞。

史料链接

《旧唐书·杨贵妃传》记载：“安史之乱”发生后，唐玄宗一行逃离长安，途经马嵬坡，被追赐死了杨贵妃，当时就地安葬。叛乱平息后秘令改葬。当打开坟冢时，发现“肌肤已坏，唯香囊犹在”。因此推断杨贵妃携带的香囊可能是银质的，而不是我们平时所认为的丝织香囊。

不幸被盗 幸存6条

名　　称：赤金走龙

用　　途：法器

出土地点：1970年陕西省西安市何家村

馆藏地点：陕西历史博物馆

龙，中华民族的图腾，皇权的象征
宫廷的器物多以龙纹进行装饰
唐朝人认为“金龙”可以消灾辟邪
在法事结束之后，将其投入湖海或者埋在山间

文物解密

“投龙祭祀（sì）”是源自于道教天、地、水三官信仰的一种法事活动，为了消除灾祸、祈求平安，先将写有愿文的玉简、金龙、金钮等器物一块用青丝捆扎，在醮仪（jiào yí，为消灾祈福而举行的法事活动）结束之后，将其投入名山大川，以这样的方式奏告上天。

赤金走龙当时发现了12条，很不幸6条被盗，现已成为“悬案”，连同6条小金龙在内的14件精美文物不知去向，剩下的6条就是我们参观的时候所看到的。这些龙体形较小，但做工十分精细，各个栩栩如生，龙头非常威严，眼睛、嘴巴均雕琢得生动传神，身上的鳞片清晰可见，有的在驻足远望，有的在极速奔跑，有的在四处张望，形态各异。

这些小金龙是由唐代工匠纯手工制作而成，工匠首先做出龙的身体，再用錾子錾刻出龙的头部以及身上的鳞片。

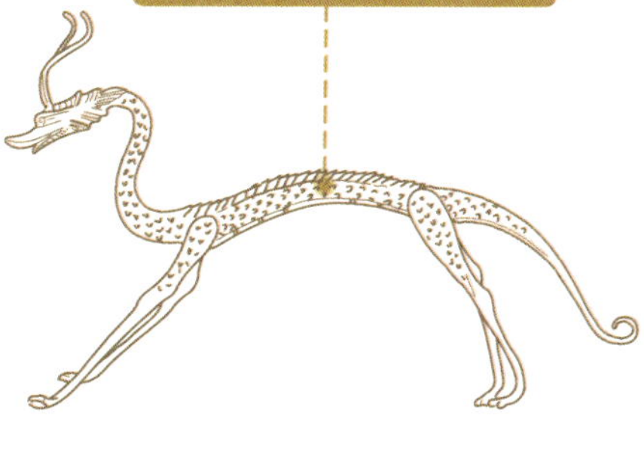

海兽在“动” 动静有节

名　　称：鎏金海兽水波纹银碗

用　　途：酒器

出土地点：1970年陕西省西安市何家村

馆藏地点：陕西历史博物馆

“择一事、爱一生”

就是专注做一件事情，将事情做到最好、做到完美、做到极致

这就是“匠心”

文物解密

“动感”是鎏金海兽水波纹银碗“匠心”的体现，这件银碗是将整块银饼锤揲而成，碗内底有一只鎏金戏水的海兽，旁边有一对嬉戏的鸳鸯，在外侧向碗口边缘有14条凹凸的曲线，当酒倒在碗里的时候小海兽仿佛在波光粼粼的水里游动，展现了生动的“动态”画面。

海兽纹内底

鎏金双鱼纹银碗

会晃动的碟子你见过吗

这件出自于法门寺地宫的银碟底部为弹簧状的底座，当银碟内的物品被取走时，便会上下晃动，这和鎏金海兽水波纹银碗一样极具“动感”。唐朝工匠们“择一事、爱一生”的匠心精神值得我们当代人学习、继承。

临流赋诗 文人雅趣

名　　称：鎏金蔓草纹银羽觞（shāng）

用　　途：酒器

出土地点：1970年陕西省西安市何家村

馆藏地点：陕西历史博物馆

“曲水流觞”是中国古代文人喜欢的娱乐活动
夏历三月，祓禊（fú xì）仪式结束之后
坐在河渠两侧，酒杯放置于上游，顺流而下，停在谁面前
谁就得饮酒作诗

文物解密

羽觞又称耳杯、羽杯
是中国古代的一种酒器
两侧有耳，像鸟的双翼，所以被称为“羽觞”
羽觞为椭圆、平底、浅腹状
采用锤揲、錾刻、鎏金等工艺制作而成
大雁、鸳鸯形象逼真，栩栩如生

东晋永和九年（353年）三月初三的上巳节
会稽内史王羲（xī）之偕亲朋谢安、孙绰等42人相聚会稽山阴的兰亭
祓禊仪式后，举行曲水流觞的活动
42人饮酒咏诗，所作诗句结成了《兰亭集》
王羲之为该集作《兰亭集序》
从此曲水流觞，咏诗论文，饮酒赏景，常常出现在文人的作品中

史料记载《兰亭集序》有可能在乾陵里
另一种说法是在李世民的昭陵，昭陵已被盗掘
《兰亭集序》具体在哪，至今是谜

匠心杯把 世人惊叹

名　　称：鎏金胡人伎乐纹八棱银杯

用　　途：酒器

出土地点：1970年陕西省西安市何家村

馆藏地点：陕西历史博物馆

“杯把”由指垫、穿孔、指鋬（pàn）三部分组成
使用更方便、更科学、更人性化

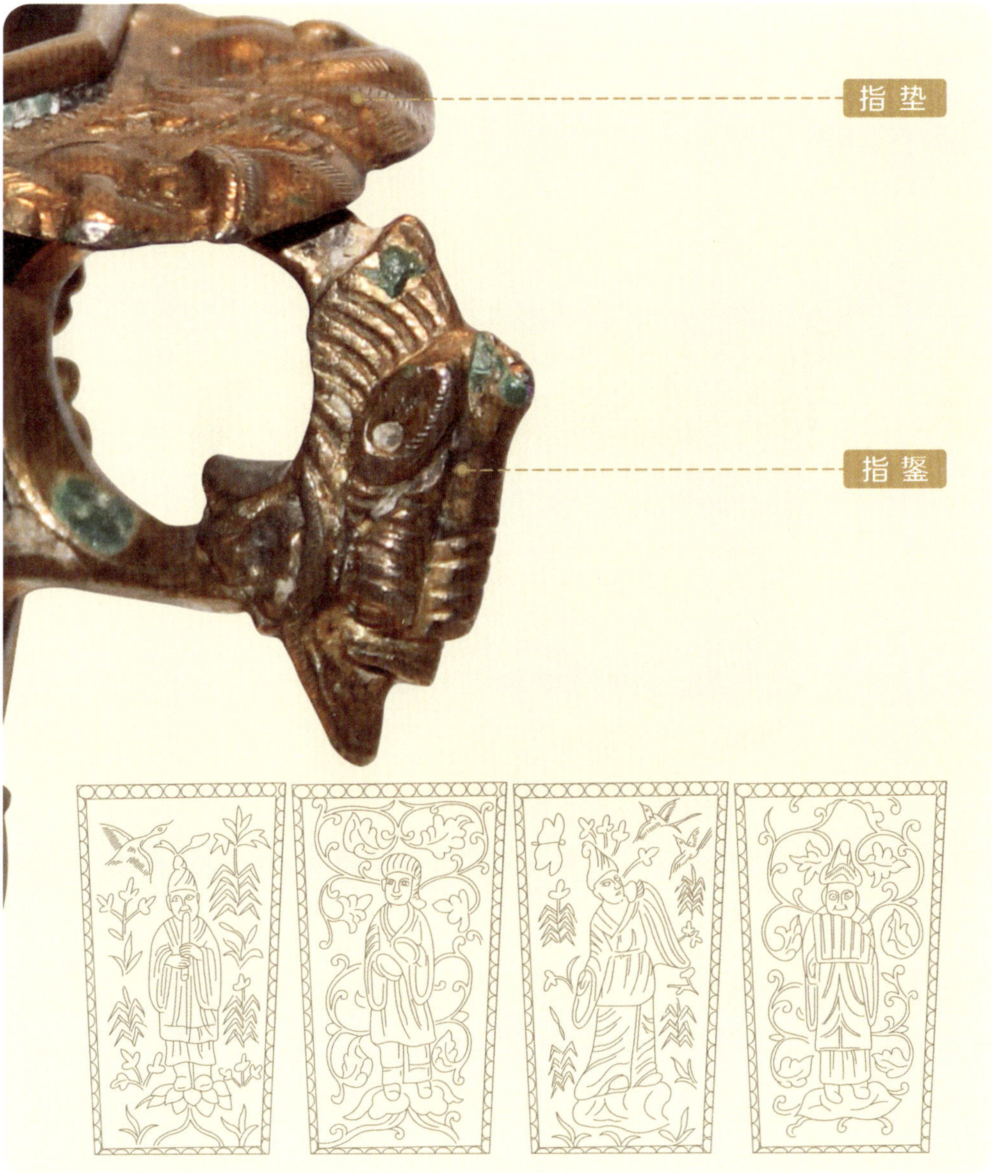

何家村窖藏出土鎏金胡人伎乐纹八棱银杯。通过器身的纹饰等特点判断，这应该是中亚地区的一种生活器皿。

"6"字杯把 精巧实用

名　　称：金筐宝钿（diàn）团花纹金杯
用　　途：酒器
出土地点：1970年陕西省西安市何家村
馆藏地点：陕西历史博物馆

在器物表面焊接金丝编成的外框
在外框焊接小金珠，金丝框内再镶嵌宝石
这种工艺称为“金筐宝钿”

文物解密

金筐宝钿团花纹金杯制作精美，杯口外张，“6”字形的手把铆钉在一片“十”字形金片上，紧紧地与杯身固定成为一个整体，鋬的上部向上翘起，大拇指弯下来正好完美地贴合，食指通过穿孔，持杯更加方便、更加稳定。

金杯腹表面焊接有金丝做成的4朵团花，团花的外围焊接了一圈小金珠，下面焊接云头纹，造型精美。当时金丝内部还镶嵌有各色漂亮的宝石，这件金杯当初的样子着实令人惊叹。

局部效果图

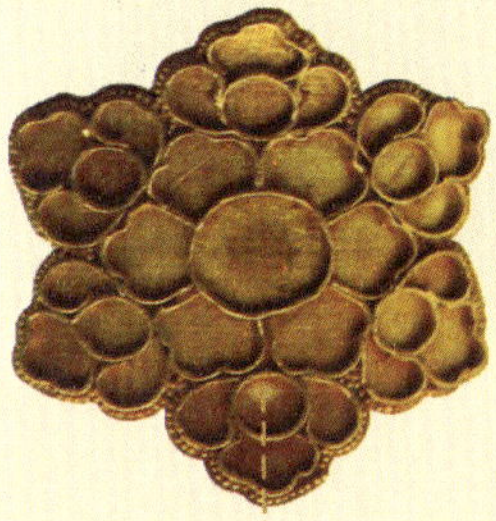

通　高：6厘米
口　径：6.9厘米
足外径：3.6厘米
内　径：3.1厘米
重　量：230克

将黄金锤成均匀的细丝，编成花纹图案，焊接在器物表面，称为“掐丝焊接”。

史料知库

在器物表面焊接金丝编成的外框，在外框焊接小金珠，金丝框内再镶嵌宝石，这种工艺我们称之为“金筐宝钿”。

羽翼神兽 异域风情

名　　称：鎏金飞狮纹银盒

用　　途：储物

出土地点：1970年陕西省西安市何家村

馆藏地点：陕西历史博物馆

既有唐代宝相花纹的特色
又有波斯萨珊（sà shān）银器中“徽章式纹样”的风格
这是中国与中亚、西亚交流的实物见证

文物解密

银盒通体鎏金，以花鸟纹进行装饰，具有波斯萨珊银器中“徽章式纹样”的艺术特色。狮子有翼，造型精美，充满着别具特色的异域风情，宝相花纹则是具有唐代特色的装饰纹样。

鎏金飞狮纹银盒中的飞狮，造型奇特、工艺精细。狮子原产于非洲、南亚等地，《汉书·西域传》出现了关于“狮子”最早的记载，在《后汉书》中记载了疏勒（shū lè）、月氏等国曾多次向汉朝进献狮子。随着佛教的传入与兴起，狮子成为佛教的护法神狮。唐朝与外邦交流频繁，大量的狮子通过丝绸之路进献给了唐朝，唐人的生活中有了活生生的狮子，狮子也成为艺术家的创作素材，比如唐人的娱乐活动中就有“狮子舞”。

这件文物上的狮子带有羽翼，因此称其为“羽翼兽”，在阿姆河流域也发现了有羽翼神兽器物，说明这种风格的器物受到了萨珊风格的影响。

史料记载，唐朝与萨珊交流往来多达29次，大量的波斯商人来到长安经商，将萨珊金银器工艺技术带到了大唐。唐朝的飞狮头上有角，羽翼狭窄，这是外来文化与中国辟邪、天禄相融合的艺术杰作。

仙桃神龟 祈愿长寿

名　　称：鎏金龟纹桃形银盘

用　　途：生活器具

出土地点：1970年陕西省西安市何家村

馆藏地点：陕西历史博物馆

"王母甘桃，食之解劳"

食用仙桃可解除疲劳，可以延年益寿、长生不老

龟能长生不老，还能预知未来

文物解密

这件鎏金龟纹桃形银盘以桃形和龟纹相结合，具有"双重祝寿"的寓意。银盘为桃子造型，内底有一只鎏金的乌龟。乌龟象征长寿，能占卜吉凶，预知未来。乌龟与桃子的完美融合，有"神龟献寿"的美好寓意，堪称唐代金银器中的精品。

桃子在我国有3000多年的种植历史，洛阳的西王母桃最为有名。人们常说："王母甘桃，食之解劳"，吃了仙桃可以解除疲劳，仙桃也因此成为长生不老、延年益寿的贡品。

《大戴礼记》曰："有甲之虫三百六十，而神龟为之长。"5000岁的神龟能与人对话，万岁的灵龟能知吉凶。人们对龟极其尊重，常常作为宅院、宫廷的装饰。

天授元年（690年）武则天改鱼符为龟符，希望自己可以长寿，武周政权可以传世千年，在使用"天授"年号以后，还用了如意、长命、延载、长安等年号。

局部效果图

为有

唐·李商隐

为有云屏无限娇，

凤城寒尽怕春宵。

无端嫁得金龟婿，

辜负香衾事早朝。

寓意丰富 造型别致

名　　称：鎏金双獾（huān）纹双桃形银盘

用　　途：生活器具

出土地点：1970年陕西省西安市何家村

馆藏地点：陕西历史博物馆

力量与勇气的象征

鎏金熊纹六曲银盘：1970年出土于西安市何家村，盘内侧底部有一只昂首健壮的鎏金熊，象征着力量和勇气。秦汉以前，人们通过猎熊来显示自己的勇武。

祥瑞之鸟　备受喜爱

鎏金鸾鸟纹六曲银盘：1970年出土于西安市何家村，盘内侧底部有一只鎏金凤鸟，头部回转，双翼张开，尾巴向上展开。在古代，鸾鸟视为祥瑞，历代统治者极其重视，在西周的青铜器、秦汉时期的瓦当、唐代金银器上都有凤鸟的形象。

折叠手柄 便捷实用

名　　称：素面长柄三足银铛（chēng）

出土地点：1970年陕西省西安市何家村

馆藏地点：陕西历史博物馆

银铛为三足，有手柄，可折叠

携带、使用更方便

文物解密

这件银铛构思精妙

三只小足作为支撑，手柄可以折叠，携带方便

半圆形短流向上翘起，且高于银铛的上平面

可以防止器物内的液体外流

内侧底部有“十二两”墨书题记一行

以“字迹和重量”防止别人调换

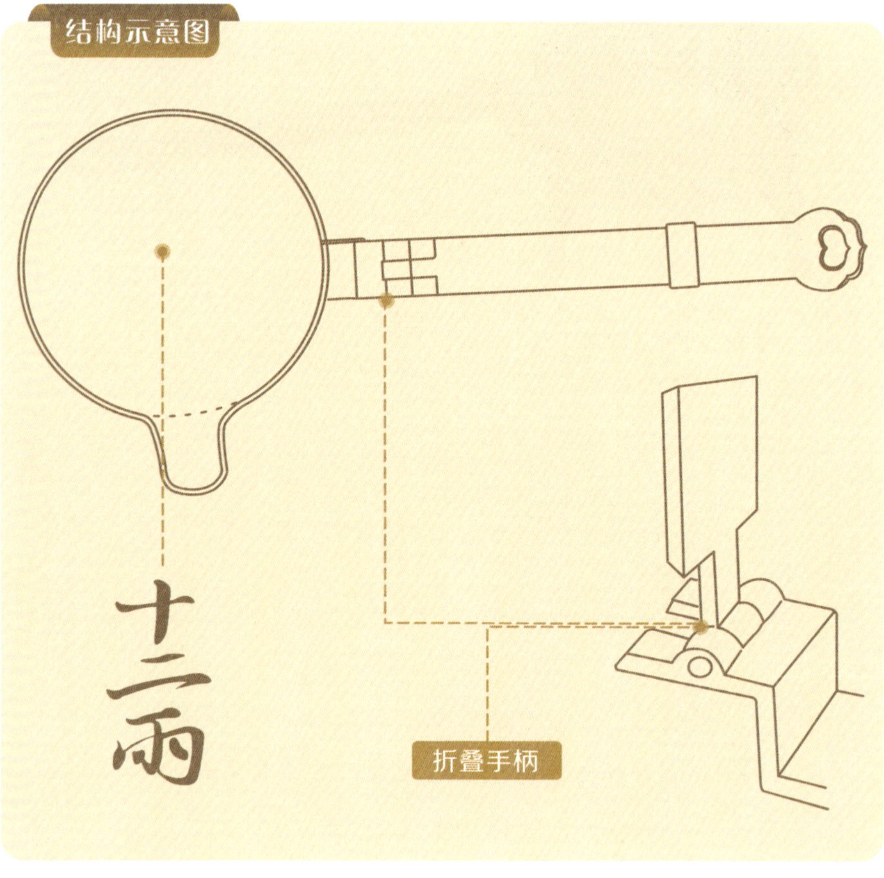

炼丹服食 祈愿长生

名　　称：石榴罐
用　　途：炼丹
出土地点：1970年陕西省西安市何家村
馆藏地点：陕西历史博物馆

石榴罐是古人炼丹的器具，采用蒸馏器原理
在炼制过程中贡献了许多重要的化学技术与产品

文物解密

石榴罐是一种炼丹的蒸馏器，也是一种汞（gǒng）合金调制器，石榴罐一端收拢为细管口，花蕾形的孔塞可以从直径为0.5厘米的小孔插入、拔出。同时出土的一件鎏金仰莲瓣座罐有一小孔，功能与银石榴罐基本一致。

结构示意图

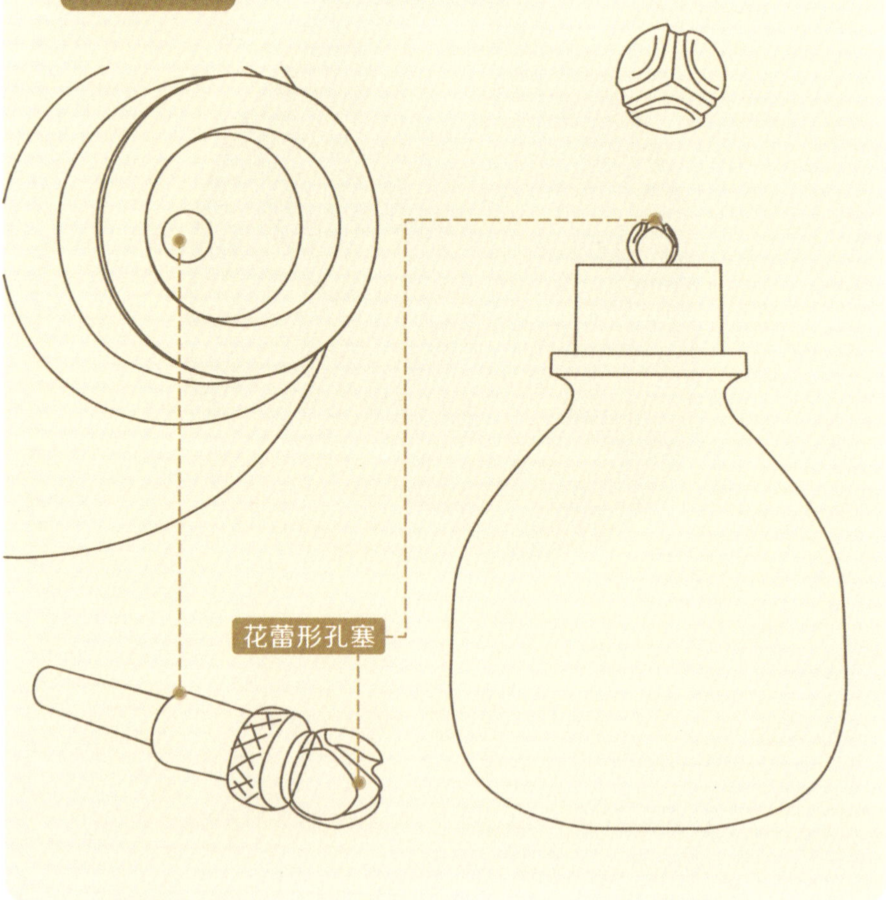

灵动瞬间 微妙威严

名　　称：鎏金铁芯铜龙

用　　途：祈福

出土地点：1975年陕西省西安市南郊草场坡

馆藏地点：陕西历史博物馆

龙是中华民族的象征
与中华文明的形成密不可分，备受炎黄子孙的尊崇
中国人以自己是“龙的传人”而自豪

文物解密

1975年，西安市南郊草场坡出土了一对鎏金铁芯铜龙，铁质鎏金，身体细长呈“S”形，体型流畅，龙头威严，龙嘴张开，露出牙齿和弯曲的龙舌，两只眼睛直视前方，龙角顺势向后伸展，尾巴高高扬起，后肢腾空向上，前肢紧紧地与地面扣在一起，形象地展现出龙的气势之美，极富动感的瞬间画面，为唐代金银器佳作。

龙以曲身飞舞，从天而降，显得大气磅礴、气势非凡，这种形态应该是受到了佛教飞天造型的影响，从而显得活灵活现。

在唐朝，虽说龙是皇帝的象征，但并不是皇帝专属的，民间常常用龙来祈福，这对鎏金龙应当是唐朝的达官贵人所用。

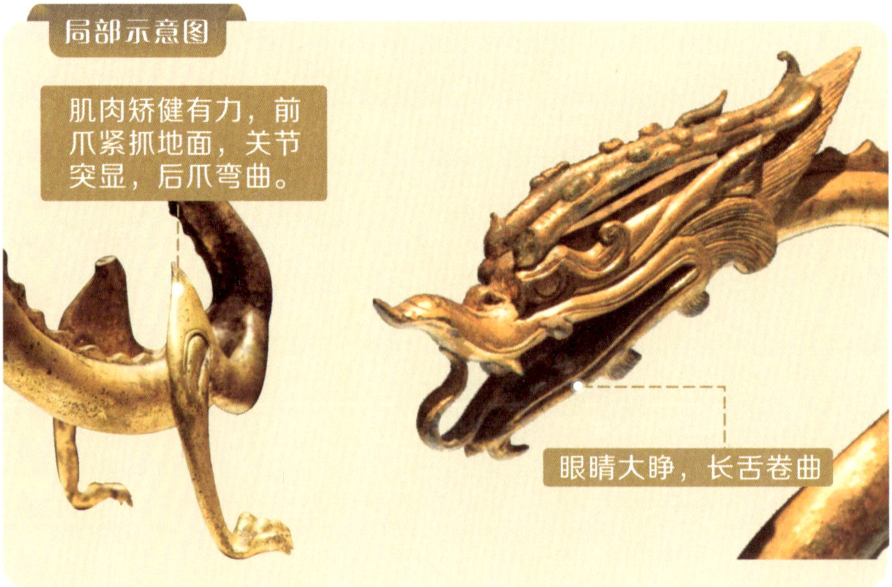

昂扬自信 大唐气象

鎏金走龙： 通体鎏金，为行走状，右侧双腿向后，左侧双腿向前，尖嘴龇（zī）牙，长舌卷曲，独角竖耳，头须向后，锯齿状背脊，长尾拖后，末梢上卷。全身刻划鱼鳞纹，三爪长腿。筋肉强劲，劲健有力，神态气势轩昂，显得昂扬自信，是一种盛唐时代艺术之美的完美体现，展现出一种蓬勃的生命力。现藏于西安博物院。

佛门法器 锡杖之王

名　　称：鎏金迎真身银金花四股十二环锡（xī）杖

用　　途：法器

出土地点：1987年陕西省宝鸡市扶风县法门寺地宫

馆藏地点：法门寺珍宝馆

法门寺地宫出土的四股十二环锡杖
被誉为“世界锡杖之王”
比日本正仓院的白铜头锡杖长21厘米
成为佛门至宝、佛教界中的权威，有“金银之冠”之美誉

讲师 这件文物被称为“世界锡杖之王”，是我们今天看的一件重要的文物。

米朵 这是谁用的，为什么被称为“世界锡杖之王”？

讲师 这是佛祖释迦牟尼所持有的四股十二环锡杖。873年，唐懿（yì）宗为迎送法门寺佛指舍利敕令工匠专门制作的。这比日本正仓院的白铜头锡杖等级更高、制作更精美、工艺更精湛，当之无愧成为“世界锡杖之王”。

米朵 “四股十二环”是什么意思？

讲师 四股十二环代表佛教基本教义中的“四谛”和“十二因缘”，四谛为苦、集、灭、道；十二个小环则代表十二部经。

米朵 这锡杖有多长？

讲师 这锡杖长1.96米，由杖首、杖身组成，杖身中空，重2390克，为四股十二环结构。

米朵 这个上面都是什么纹饰啊？

讲师 杖头为双轮四股十二环，每股套装雕花金环三枚，是佛教最高等级的锡杖，只有佛祖释迦牟尼才可以持有。杖身有12名僧人手持法铃立于莲花台之上，

个个憨态可掬。下端为蔓草、云气和团花。

米　朵　这个做得太精美了，这些字是什么呀?

讲　师　在锡杖杖身上刻有“文思院准咸通十四年三月二十三日敕令造迎真身银金花十二环锡杖一枚，并金共重六十两，内金重二两，五十八两银，打造匠臣安淑郧（yún），判官赐紫金鱼袋臣王全护，副使小供奉官臣虔诣，使左监门卫将军弘悫（què）”这样的文字记载。

米　朵　这里为什么有安淑郧、王全护的名字呢?

讲　师　这是当时责任制的一种体现，安淑郧是当时打造锡杖的工匠，王全护是质量负责人。

局部效果图

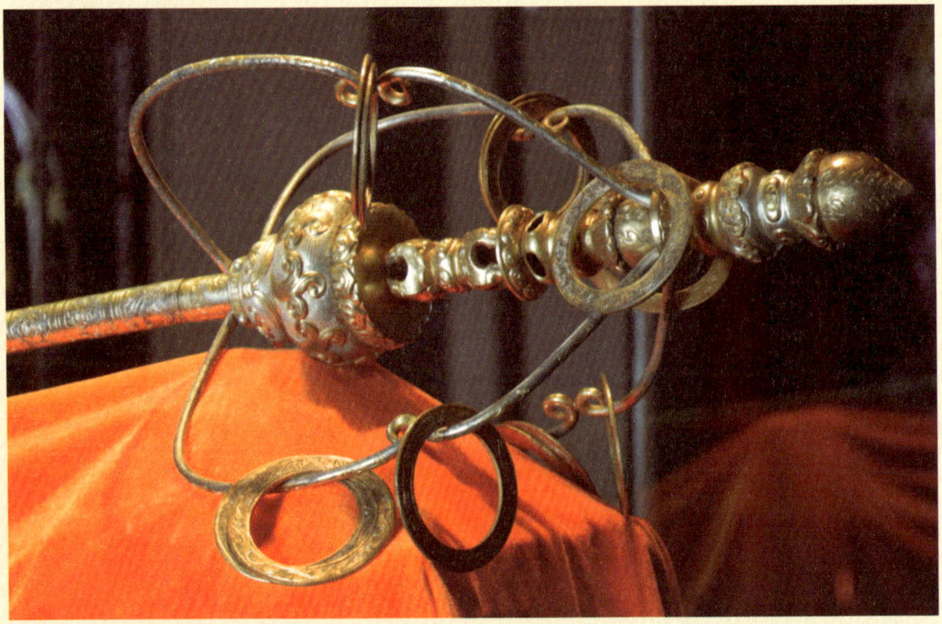

皇家熏炉 精湛奢华

名　　称：鎏金卧龟莲花纹五足朵带银熏炉

用　　途：熏香

出土地点：1987年陕西法门寺地宫

馆藏地点：法门寺珍宝馆

咸通十年（869年），文思院造八寸银金花香炉一具
并盘及朵带环子，共重380两
匠臣陈景夫，判官高品臣弘慤（què），使臣能顺

文物解密

这套熏炉是唐懿宗供奉给佛祖的，1987年在法门寺地宫出土，由炉盖、炉身组成，锤揲成型，纹饰鎏金，制作精美，雍容华贵，年代清楚，产地明确，錾（zàn）有铭文，代表了大唐文思院金银器制作的最高技艺，展现了大唐工匠的匠心思想。

局部效果图

草原丝路 最早的文明之路

名　　称：摩羯纹金花银盘

用　　途：生活器具

出土地点：1976年4月内蒙古自治区赤峰市喀喇沁旗

馆藏地点：内蒙古博物院

丝绸之路
分陆上、海上、草原上三种
这是草原丝绸之路文化交流的见证

文物解密

在印度河谷出现了一枚4000多年前的印章，上面有最早的摩羯形象，摩羯是印度神话中的一种神异动物，常常出现在古代印度的雕塑和绘画当中。摩羯纹随着佛教传入中原，唐朝的金银器上经常使用这种纹饰。

这件银盘造型为六瓣花形状，折沿宽平，盘中心有火焰宝珠和一对摩羯，外侧有团花纹、葡萄纹进行装饰，银底通体鎏金。这种工艺、纹饰体现了欧洲粟特金花银盘的特点，是中外文化交流的见证。

局部效果图

免死金牌 至尊荣耀

名　　称：钱镠（liú）铁券

用　　途：荣享免死特权

馆藏地点：中国国家博物馆

彭城郡王钱镠因平定叛贼董昌有功
唐昭宗赐给其“免死金牌”
因铁券的铭文全部用金制成，所以又称为“金书铁券”
是中国现存于世最早的铁券实物

文物解密

唐乾宁三年（896年），董昌叛唐称帝，钱镠平定董昌，唐昭宗封钱镠为镇海节度使、镇东节度使。唐乾宁四年（897年），唐昭宗钦赐“金书铁券”，上嵌楷书金字333个：“……卿恕九死，子孙免三死。或犯常刑，有司不得加责……”

历经千年，钱镠铁券忽隐忽现，大部分时间都是由钱镠后裔珍藏。南宋德祐二年（1276年）铁券丢失，元代渔夫打鱼时从黄岩南泽库深水中发现捞出。为确认是否用金制作，遂用斧轻砍，因此铁券右下角有一处被砍伤痕。

清咸丰十一年（1861年），太平军攻入台州。钱氏子孙怕铁券丢失，便将其沉放在水井中，待捞出来后，金字“剥落愈甚”。村中一些妇人以为铁券铭文上的金可以治疗小孩受惊之类的疾病，便动手挖取，致使金字愈少，最后只剩下180多个字。

1938年，长乐镇被日军占领，为防铁券丢失，钱氏族人将其藏在钱赓麟家的深井中。抗战胜利后，钱文汉从井中取出，1951年始由浙江嵊州市长乐镇钱氏后人将铁券献给人民政府，由浙江省文物管理委员会保管。

局部效果图

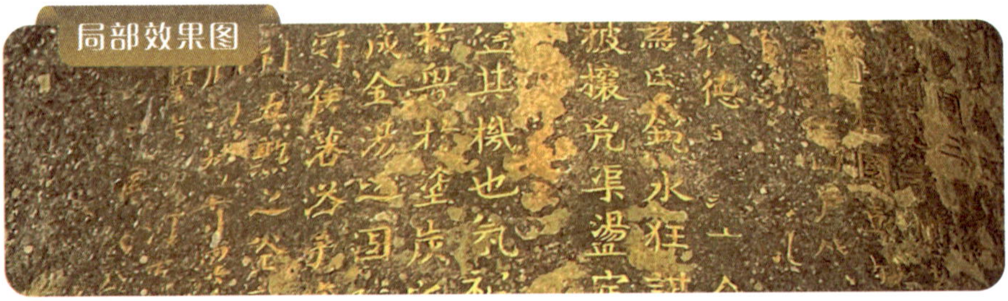

自我拯救 欲除罪行

名　　称：金简

用　　途：欲除罪行

发现地点：河南省登封嵩山峻极峰北侧石缝中

馆藏地点：河南博物院

武则天感觉罪孽深重
心虚害怕，欲除罪孽，特制金简
请求天神宽恕

文物解密

除罪金简正面有3行63字铭文是
“上言：大周国主武曌（zhào），好乐真道，长生神仙
谨诣中岳嵩高山门，投金简一通，乞三官九府，除武曌罪名
太岁庚子（700年）七月甲寅
小使臣胡超稽首再拜谨奏”

武则天在700年7月7日来嵩山祈福时
遣道士胡超向诸神投简以求除罪消灾
说明武则天对自己曾经所做的事情内心还是有深深的罪恶感
这是目前中国发现的唯一金简
为研究武则天在嵩山的活动提供了实物资料

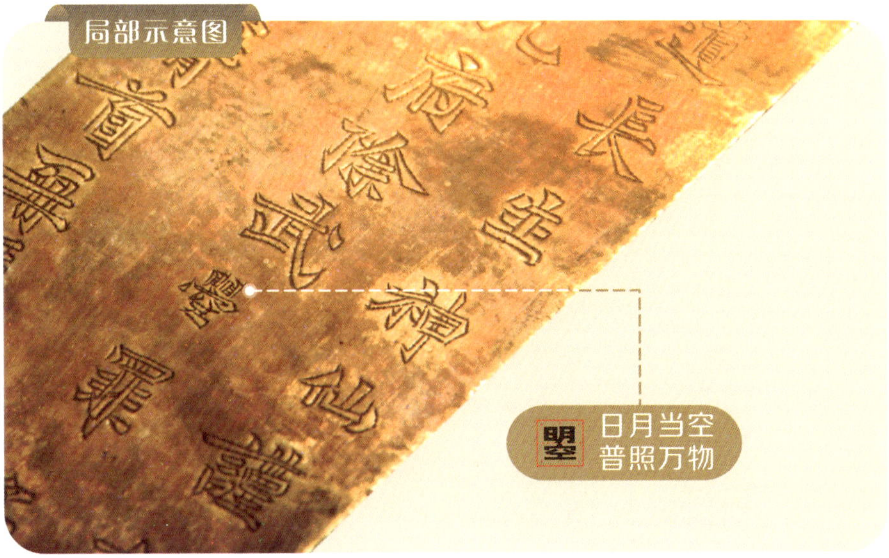

诡异的光源

1982年5月21日是一个特殊的日子
河南登封县的屈西怀在嵩山山顶的石缝中发现了
一块长方形卷曲的“铜皮”
上面有字，但他不认识，感觉有点价值
就带回了家

屈西怀捡到“宝贝”的消息很快就传开了
有人赶来，想以重金购买
屈西怀严词拒绝，将其献给了政府

专家看后，惊喜万分、激动不已
因为金简在我国是首次发现，且刻有63字
这是武则天目前唯一的遗物
为研究女皇武则天提供了真实的实物资料
现为河南博物院镇馆之宝

超级点评 ★★★★★

武则天为了取得政权、巩固自己的地位，任用酷吏铲除异己，就连自己的亲生儿女都成了牺牲品，这些让她感知罪孽深重，精神压力巨大，金简上的63个字反映了武则天内心的罪恶感，想通过这种方式减轻自己的罪孽。

金简有字，墓碑无字，两者形成强烈对比，重达百吨的无字碑和不到半斤的金简都极其珍贵，都是武则天留下的重要文化遗产，一个以无字著称，一个以除罪闻名。

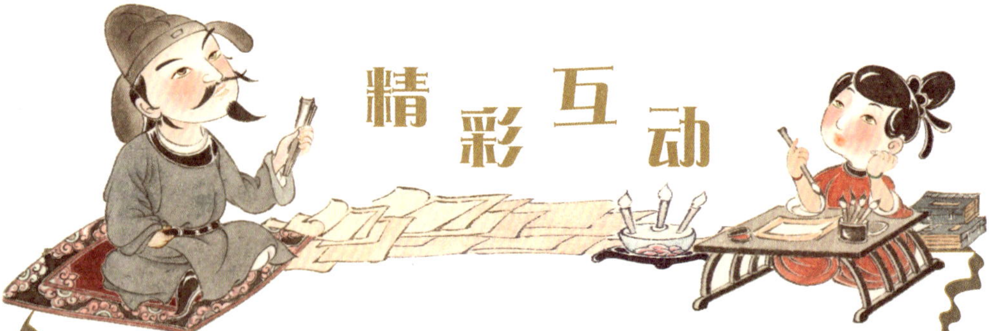

精彩互动

1.鸳鸯莲瓣纹金碗上为什么要写“九两三”呢?

A.唐朝人练字时写上去的。

B.这叫“墨书题记”，以字迹和重量防止贵重的器物被掉包。

C.这是唐朝人的书法艺术。

D.这个碗所能装酒的重量。

2.你认为锡杖都有什么作用?

A.僧人化缘的时候，在门前摇动锡杖化缘。

B.持杖行走时，锡杖发出的声音可以驱赶野兽、害虫。

C.僧人外出时的防身武器。

D.僧人年龄大时行动不便，有拐杖的功能。

E.锡杖又名智杖，彰显圣智、行功德本。

3.请将佛教八大祖庭剩余的名称和地点连起来。

禅宗祖庭	西安大慈恩寺
净宗祖庭	西安华严寺
律宗祖庭	西安草堂寺
天台宗祖庭	西安大兴善寺
慈恩宗祖庭	河南少林寺
华严宗祖庭	西安香积寺
三论宗祖庭	西安净业寺
密宗祖庭	天台国清寺

答案：1.B　2.ABCDE　3.慈恩宗祖庭——西安大慈恩寺

大唐·建筑

大唐的建筑是那个时代精神的完美体现
宏伟大气，气势磅礴，华美庄重，古朴严整，朱白两色
形成了一个完整、影响深远的建筑体系

虽然已过千年，但唐朝的建筑还有百余座
以五台山的佛光寺、南禅寺最为著名

大唐瑰宝 真容惊现

名　　称：佛光寺大殿
用　　途：寺院建筑
建成时间：唐大中十一年（857年）
位　　置：山西五台山

佛光寺大殿是中国现存规模最大的唐代木构建筑
梁思成先生称其为“中国第一国宝”
打破了日本人说“中国已无大唐建筑”的狂言
其发现震惊了中外建筑学界，被称为“亚洲佛光”

文物解密

佛光寺建于唐大中十一年（857年）。梁思成先生在一张照片上看到了“大佛光之寺”，这是法国汉学家伯希和拍摄的敦煌莫高窟第61窟壁画，由唐朝人绘制的《五台山图》，“大佛光之寺”就在其中。

当时，日本人狂妄断言：在中国已经没有唐朝的木构建筑，要想看唐代木构建筑，就得去日本的京都和奈良。

1937年，梁思成与夫人林徽因等一行人前往山西五台山，在这里，他们发现了唐代的木构建筑。

佛光寺东大殿南侧的一座砖塔与敦煌壁画上的砖塔一模一样，梁思成觉得这就是唐代建筑，最终在大殿木梁上发现了唐朝所留下来的文字，记载的内容和殿外的石经幢一致，最终确定这就是唐朝的木构建筑。梁思成惊喜地称这是“中国第一国宝”。

梁思成回到北京后，撰写的《记五台山佛光寺的建筑》轰动了全球的建筑学界，佛光寺由此众人皆知。

超级点评 ★★★★★

佛光寺大殿是唐代建筑最真实、最典型的代表，在中国建筑史上意义重大。有学者说：“我们可以自豪地向世界宣称，盛唐气度在中华大地上，还在。”

西安地标性建筑

名　　称：大雁塔

用　　途：保存经卷、佛像

特　　点：现存最早、规模最大的唐代四方楼阁式砖塔

位　　置：西安市雁塔区大慈恩寺内

玄奘档案

基本信息

姓 名 玄奘［原名陈祎（yī）］

性 别 男

籍 贯 河南偃师缑氏镇人

朝 代 唐

信 仰 佛教

职 业 僧人

成 就

1.历经艰险前往佛教发源地求取真经。

2.创立佛教八大宗派之一的慈恩宗（也称法相宗）。

3.与其弟子共同完成了《大唐西域记》，后来被明朝的吴承恩改编成《西游记》。

4.翻译了大量梵文经典，为佛教事业的发展做出了重要贡献。

经 历

1.602年，玄奘出生，10岁时被破格录取，进入佛门。

2.13岁剃度出家，各地游学，拜访名师，学习《涅槃（niè pán）经》《摄大乘论》《俱舍论》等经论。因为感到各师所说不一，各种经典也不尽相同，于是决定西行求法，以解迷惑。贞观元年（627年），玄奘奏请朝廷西去求法，被拒。于是玄奘“冒越宪章，私往天竺”。

3.贞观三年（629年），朝廷因饥荒允许百姓自行求生，玄奘从长安

出发，经姑臧、敦煌、新疆及中亚等地，历经千难万险到达印度摩揭陀国王舍城，进入当时印度佛教中心那烂陀寺学习。

4.贞观十九年（645年），玄奘返回长安。玄奘西行求法，往返19年，行程5万余里，带回大小乘佛教经律论共520卷，657部。归国后受唐太宗召见，住在长安弘福寺，后又住大慈恩寺，玄奘是大慈恩寺第一任住持方丈，被尊称为“三藏法师”。先后译出大小乘经论共75部1335卷，其中主要有《大般若经》《解深密经》《大菩萨藏经》《瑜伽师地论》《大毗婆沙论》《成唯识论》《俱舍论》等。他还曾把《老子》和《大乘起信论》译为梵文，传入印度；将取经路途见闻写入《大唐西域记》12卷。

5.664年二月初五，玄奘安详圆寂，安葬于长安南边的护国兴教寺。

评价

1.玄奘是大唐的著名高僧，我国汉传佛教四大佛经翻译家之一，中国汉传佛教唯识宗创始人。

2.玄奘凭着坚定的信念，历经千难万险到佛教的发源地求取真经，整个行程超5万里，途经110多个国家，历时19年时间，在异国他乡他被尊为先知，在佛陀的故乡他成为智慧的化身，备受尊敬、拥戴，“对理想永不放弃、对理想始终坚持”，这就是玄奘精神。

雁塔题名

聖旨

大唐立国，急需人才参与国家建设，现通过科举考试选拔人才。考试科目中增加“杂文”，望各考生积极备考，为国效力，凡考中者最后参加殿试。

大唐永徽二年六月

“雁塔题名”始于唐代。每年考中的新科进士都要登上大雁塔题诗，象征由此平步青云，步步高升。除此之外，还有戴花骑马巡游长安、杏园关宴、曲江流饮、月登阁马球赛等文化娱乐活动，这些成为我国教育史和文化史上一道亮丽的风景线。

“慈恩塔下题名处，十七人中最少年”，这是唐代诗人白居易考中进士后，登上大雁塔所题的诗句，少年得志的喜悦表现得淋漓尽致。

796年，孟郊又奉母命第三次赴京科考，终于考中。放榜之日，孟郊喜不自胜，当即写下了生平第一首七绝快诗《登科后》。

登科后

唐·孟郊

昔日龌龊不足夸，今朝放荡思无涯。
春风得意马蹄疾，一日看尽长安花。

科举制度

科举制度始于隋，完善于唐
是封建社会最公平的人才选拔形式
使大量中下层社会的人士有机会参与国家治理

武则天将“科举制度”制度化，从而打破了贵族在文化和政治上的垄断，成为选拔官员的重要途径，这是“贵族政治”走向“官僚政治”的标志。

“殿试”使武则天与当时选拔的官员之间建立起了“师生关系”，通过殿试的考生自称“天子门生”。在古代，除了家庭的血缘关系就是师生关系，“天地君亲师、一日为师终生为父”，武则天通过这种师生关系获得了更多年轻人的支持。

在一次射箭比赛中，获得前五名的全是蕃将。泉献诚跟武则天说：“我们不能搞这种活动了，传出去四夷有轻中华之心。”农耕民族和平时期尚武精神不断滑落，在这种情况下，武则天推崇“武举”，通过武举选出了大唐中兴之臣郭子仪，他为大唐延续百年做出了重要贡献。

在科举制度的影响下，出现了“父教其子，兄教其弟，无所易业”，“五尺童子，耻不言文墨焉”的社会风气。读书人一旦考中，将会参加“雁塔题名”“曲江宴饮”“月登阁马球赛”等娱乐活动，同时也会迎来美好的婚姻。

由于考试增加了“诗词歌赋”等杂文内容，因此从武则天时期开始出现了大量的诗人。科举制度促进了唐朝文学的发展，唐诗成为中国文学的巅峰，与宋词成为中国文学的两座丰碑。

唐诗是中国文学史上最华丽的代表，先后出现了2800多位诗人，创作了49400多首诗歌，构成了华夏民族的“根”和“魂”，成为中华民族的“精神根脉”。唐诗是中华文明的重要载体，是我们优质的精神食粮，是古人留给我们宝贵的精神财富。

唐朝著名的诗人

武则天时期：624～705年12月16日

诗　人	年代/年	著名诗句
骆宾王	619～687	白毛浮绿水，红掌拨清波。
卢照邻	635～685	他乡共酌金花酒，万里同悲鸿雁天。
王　勃	650～676	落霞与孤鹜齐飞，秋水共长天一色。
杨　炯	650～693	宁为百夫长，胜作一书生。
宋之问	656～712	近乡情更怯，不敢问来人。
贺知章	659～744	少小离家老大回，乡音无改鬓毛衰。
张九龄	678～740	海上生明月，天涯共此时。
王之涣	688～742	欲穷千里目，更上一层楼。
孟浩然	689～740	绿树村边合，青山郭外斜。
王昌龄	698～757	但使龙城飞将在，不教胡马度阴山。
李　白	701～762	人生得意须尽欢，莫使金樽空对月。
王　维	701～761	行到水穷处，坐看云起时。
杜　甫	712～770	国破山河在，城春草木深。
孟　郊	751～814	春风得意马蹄疾，一日看尽长安花。
韩　愈	768～824	云横秦岭家何在？雪拥蓝关马不前。
刘禹锡	772～842	山不在高，有仙则名。
白居易	772～846	牛困人饥日已高，市南门外泥中歇。
柳宗元	773～819	千山鸟飞绝，万径人踪灭。
元　稹	779～831	曾经沧海难为水，除却巫山不是云。
杜　牧	803～852	商女不知亡国恨，隔江犹唱后庭花。
李商隐	813～858	身无彩凤双飞翼，心有灵犀一点通。

科举制度在宋朝继续沿用，出现了“榜下捉婿”的景象，发榜时，考生看到榜上有自己的名字，顺口说一句“我考中了”，便会被几个彪形大汉“抢走”，用轿子抬回去做女婿，这是“书中自有黄金屋、书中自有颜如玉”的真实再现。

雁塔晨钟 响彻千年

名　　称：小雁塔
用　　途：保存经书
特　　点：密檐式砖塔
位　　置：西安市荐福寺内（与西安博物院在一起）

“雁塔晨钟”指的是小雁塔而不是大雁塔

当清晨荐福寺内的钟声响起，响亮清脆，方圆十里可闻

这就是“雁塔晨钟”，著名的关中八景之一

2022年10月19日　　星期三　　晴

西安小雁塔是一个文化底蕴深厚的地方，是为存放唐代高僧义净从天竺带回来的佛教经卷、佛图等而建。它是密檐式砖塔的典型代表，是唐代佛教建筑艺术遗产，是佛教传入中原地区并融入汉族文化的标志性建筑。

小雁塔建成之后，在漫长历史岁月中，出现了“三开三合”的神奇景象。

明成化二十三年（1487年），陕西发生6级大地震，小雁塔塔身自上而下被震裂了，出现了一条约33厘米宽的缝。然而时隔34年，在明正德十六年（1521年）的又一次大地震中，裂缝在一夜之间合拢了。人们百思不得其解，便把小雁塔的合拢叫“神合”。

明嘉靖三十四年（1555年），小雁塔因华县大地震“塔裂为二”，嘉靖四十二年（1563年）再次重合。康熙年间裂开后不久又再次重合。一座砖塔经过数次地震开裂而不倒塌，反能自然复合，也确是一件奇事了。

那么，小雁塔千年不倒的原因究竟为何？

原来小雁塔在地震惯性力的作用下，券洞间隙裂缝的开展及裂缝两侧的剪切磨合消耗了大部分地震能量，从而避免了塔主体结构的较大损坏，这才是小雁塔历经千年不倒的重要因素之一。

精彩互动

1.玄奘根据自己求法途中的见闻写的一部著作是什么？

A.西厢记　B.西游记　C.大唐西域记　D.搜神记

2.玄奘求取佛法的初心是什么？

A.求取真经　匡正教义

B.远绍如来　成佛做祖

C.近学大乘　弘扬佛法

D.生活所迫　外出谋生

3.科举制度出现的意义是什么？

A.社会下层人士通过考试可以走向上层社会，改变自身命运。

B.通过殿试，建立师生关系，加强皇帝集权。

C.炫耀自己才能，光宗耀祖。

D.可以参加雁塔题名、曲江宴饮。

4.为什么在高宗李治与武则天时期开始出现了大量的诗人？

A.科举考试中增加了杂文（诗、词、歌、赋），推动了诗歌的发展。

B.社会安定，人民安居乐业。

C.丝绸之路开通，文化交流日益频繁。

5.唐朝为什么会出现“父教其子，兄教其弟”“五尺童子耻不言文墨焉”的社会风尚？

A.社会经济的繁荣　　B.科举制度的推行

C.学校体系的完备　　D.三省六部制的确立

答案：1.C　2.ABC　3.A　4.A　5. B

大唐·生活

“幸在大唐，乐居长安”
狩猎、打马球、茶趣、酒趣、胡戏等多种娱乐活动
使唐人的生活更加丰富、更加精彩
虽然已过千年，但是我们对唐人的生活依然充满好奇

大唐茶礼

名　　称：鎏金飞鸿毬（qiú）路纹银笼子

用　　途：盛放茶饼

出土地点：1987年陕西省宝鸡市扶风县法门寺地宫

馆藏地点：法门寺珍宝馆

1987年法门寺地宫出土了一套完整的宫廷金银茶具
揭开了唐人饮茶的方式
将茶叶经多种工序制成茶粉，煮时加上盐、胡椒进行调味
跟吃稀饭一样吃下

米朵 老师，这个展柜里放的都是什么啊？

讲师 这是唐朝人“吃茶”的一套茶器。

米朵 吃茶，不是喝茶吗？

讲师 不是，当时把茶叶采回来后，做成茶饼，当“吃茶”的时候，从茶笼子里拿出茶饼，炙烤过后，放到茶碾子里碾碎，用茶罗子过滤成细粉放到龟盒里，需要多少就从龟盒里倒出来多少，放到容器里煮，煮的时候加上一些盐、胡椒等调味品，最后跟吃稀饭一样吃下去。

米朵 原来是这样的，那法门寺地宫出土的茶器有多少？

讲师 当时地宫里的《物帐碑》上写得很清楚：“茶槽子、碾子、茶罗、匙子一副，七事共重八十两”。地宫出土的茶器并不止“七事”，还有盐台、笼子、茶碗、茶托等，这些茶器跟《茶经》描述的基本一致。

米朵 《物帐碑》是什么呀？

讲师 《物帐碑》跟现在的账本一样，记录地宫里边供奉的都有哪些东西、叫什么名字、一共几件、多少重量，写得一清二楚。根据这块石碑的记载，文物工作者与出土的文物进行核对，一件都没有丢失，一共2499件。

米朵 这些都是谁放的啊？

讲师 地宫里的器物是唐朝皇帝送还法门寺舍利的时候，供养给佛祖的，在茶罗子、银则、长柄勺等器物上，刻有“五哥”的字样。五哥就是唐僖宗李儇，这些都表明这套茶具是宫廷专用的。

米朵 后边这些也是茶器吗？

讲师 这是茶碾子，用它将茶叶碾碎，再用这个茶罗子过滤，最后装到这个龟盒里。

米朵 将茶粉放到龟盒里，是希望吃了这里边茶的人可以健康长寿。

讲师 对，看来你的基础不错啊！他们在煮茶的时候还会加盐、胡椒等调味品，这是当时发现的鎏金摩羯鱼三足架盐台。

米朵 为什么要加这些东西呢？

讲师 《茶经》上说：“初沸，则水合量调之以盐味。”就是说，水刚开始沸腾的时候，按照水量适当放一点儿盐调味。茶本身是涩的，盐可以去涩。再就是茶中有氨基酸，与盐中的钠离子相互作用，会产生一种鲜味，盐被称作“万鲜之首”“百味之首”，有时候还会加胡椒。

米朵 好的，谢谢老师。

碾茶

名　　称：鎏金壶门座银茶碾子
用　　途：碾（niǎn）碎茶饼
出土地点：1987年法门寺地宫
馆藏地点：法门寺珍宝馆

筛茶

名　　称：鎏金飞天仙鹤纹银茶罗子

用　　途：收集茶粉

出土地点：1987年法门寺地宫

馆藏地点：法门寺珍宝馆

储茶

名　　称：鎏金龟形银盒

用　　途：存储茶粉

出土地点：1987年法门寺地宫

馆藏地点：法门寺珍宝馆

调茶

名　　称：摩羯纹蕾钮三足架银盐台

用　　途：放置盐、胡椒、姜等调味品

出土地点：1987年法门寺地宫

馆藏地点：法门寺珍宝馆

摩羯纹蕾钮三足架银盐台
是唐朝人“吃茶”时放置“盐、胡椒、姜”等调味品的一种器具

文物解密

摩羯纹蕾钮三足架银盐台由盖、台盘、三足架组成。盖分为上下两个部分，有铰链可开合，盐台主体是一个莲花与莲蓬的结合体，表现出来的是莲花即将凋谢、莲蓬即将出现的状态。

三足架上錾刻：“咸通九年文思院造银金涂盐台一只，并盖重一十二两四钱，判官臣吴弘悫、使臣能顺。”说明了这件器物出自大唐的金银器作坊文思院，也出现了当时质量监督人员及工匠的名字，这就是大唐的“责任制”。

此种造型极为生动，想象力极强，别致新颖。为一簇荷叶、莲花、莲蕊、荷叶干的立体造型，并有小鱼、花草等附件装饰，造型奇特、生动，这为当代人了解、研究唐人的“吃茶”文化提供了重要的实物资料。

打开效果图

宁可三日不食　不可一日不猎

名　　称：狩猎出行图（局部）

用　　途：墓葬壁画

出土地点：1971年陕西省咸阳市乾县乾陵章怀太子墓

馆藏地点：陕西历史博物馆

狩猎备受帝王和贵族喜爱

狩猎不光是一项娱乐活动，也有“武备”之意

文物解密

“狩猎出行图”出自唐章怀太子李贤墓，李贤是唐高宗第六子，他曾以太子的身份监国，在政治权力的斗争中，遭母亲武则天的猜忌与贬黜（chù），在流放之地被逼自尽。

章怀太子墓出土的《狩猎出行图》前半部分，骏马奔驰，他们带着猎狗、鹰、猞猁（shē lì）、豹等动物协助人来狩猎，后半部分画了5棵大树、古木森森的林荫山道、骆驼和鞍马等场景，生动地再现了大唐贵族们狩猎的壮观场景，展现这位壮志未酬的王子在另一世界最终获得了自由驰骋的空间。

局部示意图

名　　称：彩绘胡人骑马带犬狩猎俑

用　　途：随葬

出土地点：陕西省乾县永泰公主墓

馆藏地点：陕西历史博物馆

时尚运动 风靡大唐

名　　称：打马球图（局部）

用　　途：墓葬壁画

出土地点：1971年陕西省咸阳市乾县乾陵章怀太子墓

馆藏地点：陕西历史博物馆

马球运动是一项高雅、有趣、竞争性强的娱乐活动
具有一定军事色彩的运动，深受文武官员喜爱
唐朝的官员可以在朝堂运筹帷幄，也可以跨马征战四方

文物解密

唐朝诗人阎宽在《温汤御球赋》中写道：“击鞠（jū）之戏者，盖用兵之技也。”说明这种活动也有“武备”的思想在里边。

《资治通鉴·唐纪六十九》宋元史学家胡三省注记载：“凡击毬(通球，下同)，立毬门于毬场，设赏格。天子按辔入毬场，诸将迎拜。天子入讲武榭，升御座，诸将罗拜于下，各立马于毬场之两偏以俟（sì）命，神策军吏读赏格讫，都教练使放毬于场中，诸将皆駷（sǒng，摇动马衔令马快跑)马趋之，以先得毬而击过球门者为胜，先胜者得第一筹，其余诸将再入场击毬，其胜者得第二筹焉。”参赛者将球打入对手球网中，则得到一筹，得一分，最后得分高者获胜。

马球运动在唐朝风靡一时，唐朝22位皇帝中有18位是马球运动的爱好者。《封氏见闻记》记载吐蕃（bō）人迎娶金城公主时，与唐人进行马球比赛，吐蕃人连胜，于是李隆基带人迎战，几个回合下来，大唐赢了吐蕃，挽回了大唐的颜面。

1958年，陕西省西安市出土了一组五件彩绘陶打马球女俑，可见马球也深受女子喜爱。大唐的女子骑上骏马，驰骋赛场，尽展巾帼风采。

惜时奋进 行胜于言

名　　称：日晷（guǐ）

用　　途：计时器

日晷是利用太阳投射的影子来测定时刻的装置
由底座、晷盘和晷针三部分组成
3000多年前的周朝就已经用日晷测时

文物解密

日晷按摆放角度分为地平式、垂直式和赤道式三种，赤道式最经典，也最常用。赤道式日晷要与赤道平行式摆放，晷针上端正好指向北极，下端正好指向南极，用这种方式通过阳光投影来测定时间。

日晷的晷盘和晷针相当于钟表的表面和指针，晷针从晷盘中心垂直穿过。晷盘由三个圆圈组成，内圈标注“天干”，中圈标注“地支”，外圈标注“初”和“正”，一天就被划分为十二个时辰、二十四小时。“小时”可能就是由晷盘刻度演变而来的，钟表表面结构就是按照日晷的样式设计的。

结构示意图

日晷平面图

古人根据天象、节气、地理位置的规律将一昼夜划分为十二个时辰，用子、丑、寅、卯、辰、巳、午、未、申、酉、戌、亥十二地支来命名，每个时辰又分为“时初”“时正”，每个时辰为两小时，一天正好是24小时。

晷面两面都有刻度，分子、丑、寅、卯、辰、巳、午、未、申、酉、戌、亥十二时辰，唐代以后，开始把每个时辰分为初、正两个部分。这样正好和现今我们通用的24小时对应起来。

古今时间对应表

地支	对应时间	初正划分	对应时间	五更计时
子	23时～1时	子初	23时	三更
		子正	0时	
丑	1时～3时	丑初	1时	四更
		丑正	2时	
寅	3时～5时	寅初	3时	五更
		寅正	4时	
卯	5时～7时	卯初	5时	
		卯正	6时	
辰	7时～9时	辰初	7时	
		辰正	8时	
巳	9时～11时	巳初	9时	
		巳正	10时	
午	11时～13时	午初	11时	
		午正	12时	
未	13时～15时	未初	13时	
		未正	14时	
申	15时～17时	申初	15时	
		申正	16时	
酉	17时～19时	酉初	17时	
		酉正	18时	
戌	19时～21时	戌初	19时	一更
		戌正	20时	
亥	21时～23时	亥初	21时	二更
		亥正	22时	

丰腴自信 历代最幸

名　　称：唐三彩女立俑

用　　途：随葬

馆藏地点：西安博物院

唐朝女性是大唐时尚的代表
她们个性张扬、乐观自信、积极参与政治
着装大胆开放，尽显巾帼风采，敢与男子争天下

文物解密

唐代女性服饰时尚、奢华、浓艳、大气。史料记载：“风俗奢靡，不依格令，绮罗锦绣,随所好尚。上自宫掖，下至百姓，递相仿效，贵贱无别。”大唐女性的时尚由遮蔽到暴露,由苗条到丰腴，由简朴到奢华,这种时尚前所未有。

唐代女子服饰分为上衫下裙、胡服、男装三大类。《旧唐书·舆服志》记载：“或有着丈夫衣服、靴、衫，而尊卑内外斯一贯矣。”已明确记录下女着男装的情景,女着男装的形象资料在唐画中也非常普遍。武则天周围的女官着男装,均软巾幞头、圆领袍、系腰带。女着男装是唐朝女性服饰的一大特色，胡服也是唐朝女性喜欢的服饰，史料记载：“贵游士庶好衣胡服，为豹皮帽，妇人则簪步摇。衩衣之制度，衿袖窄小。”胡服从唐初开始流行，到了中唐以后逐渐消融在传统服装之中。

局部效果

名　　称：戴鸟冠女舞俑
用　　途：随葬
馆藏地点：陕西唐三彩艺术博物馆

《唐人宫乐图》／唐·佚名／台北故宫博物院藏

名　　称：彩绘侍女俑

用　　途：随葬

出土地点：西安韩森寨红旗电机厂唐墓

馆藏地点：西安博物院

名　　称：彩绘侍女俑

用　　途：随葬

出土地点：西安韩森寨红旗电机厂唐墓

馆藏地点：西安博物院

0.06毫米的工艺

名　　称：蹙（cù）金绣

用　　途：供奉物品

出土地点：1987年陕西省宝鸡市扶风县法门寺地宫

馆藏地点：法门寺珍宝馆

蹙金绣是丝绸史上的一大奇迹

金丝的最细直径仅为0.06毫米

质料考究，工艺精湛，历经千年，依然艳丽

米朵：老师，什么是蹙金绣？

讲师：用金丝盘结成花朵的纹式再固定到丝绸上面的这种织物称为蹙金绣。

米朵：这上面的金丝有多细呢？

讲师：金丝的最细直径仅为0.06毫米，比头发丝还要细，堪称古今一绝，作为宫廷加金绣品，质料考究，虽历经千载，依然色泽艳丽、灿然如新。

米朵：法门寺地宫一共出土了几件蹙金绣啊？

讲师：一共出土了5件，分别是绛红罗地蹙金绣袈裟、襕（lán，古代一种上下衣相连的服装）、拜垫、半臂和案裙等，是为捧真身菩萨特制的微形衣物，也是地宫内保存最完好的丝绸织物。

米朵：现在工艺能做出来的金丝有多细呢？

讲师：现在世界手工捻制的金线最细直径为0.12毫米，日本现在能做出0.2毫米，咱们中国人只能做出0.7毫米，然而，唐朝的工匠当时能做出0.06毫米。

米朵：古代的工匠太厉害了！

高堂明镜悲白发 朝如青丝暮成雪

名　　称：“千秋”铭龙纹镜
用　　途：照面
馆藏地点：陕西历史博物馆

远古时期，以水照面
周人用铜盆（鉴）盛水照影，鉴成为最早的镜子
唐代的铜镜不仅用来照面，也是那个时代文化的载体

文物解密

经考古得知，在商朝的妇好墓中出土了三角几何纹饰的青铜镜，这是我国迄今为止发现最早的铜镜，因此这枚铜镜有“中华第一镜”的美誉。

汉代的工匠们做出的“透光镜”成为铸镜工艺的里程碑，不仅可以照面，还可以在阳光直射下，在墙壁上反射出铜镜背面的铭文和花纹，这种技术令人惊叹。

唐代的铜镜种类丰富、纹饰精美，蕴含各种寓意，是大唐文化的重要组成部分。

四神十二生肖铜镜

飞天鸾鸟纹铜镜

唐贞观十七年（643年），直言敢谏的魏徵（zhēng）病逝。唐太宗很难过，他流着眼泪说：“夫以铜为镜，可以正衣冠；以史为镜，可以知兴替；以人为镜，可以明得失。朕尝宝此三镜，用防己过。今魏徵殂逝，遂亡一镜矣。”

雅令助兴 大唐酒趣

名　　称：龟负论语玉烛酒筹鎏金银筒

用　　途：放置酒筹

出土地点：1982年江苏省镇江市丁卯桥窖藏

馆藏地点：镇江博物馆

唐人饮酒必有酒令助兴

整个宴会不仅高雅，而且充满了欢乐

这件文物集儒家、道家思想于一体，为唐代酒文化的重要资料

文物解密

这件龟负论语玉烛酒筹鎏金银筒由上下两个部分组成，银质鎏金。以代表祥瑞的神龟为座，背负中空的玉烛内装有“酒筹”。整个造型就像一只燃烧着的金蜡烛，在筹筒的正面刻有“论语玉烛”四个字，“玉烛”出自《尔雅·释天》“四时和谓之玉烛”，寓意惠风和畅，太平盛世。

出土时，筒内装有50枚酒筹，银质鎏金，大小一致，每一枚令筹正面刻有行酒令的令辞，令辞上半段内容出自《论语》，下半段是酒令的具体内容，包括有“伴饮”“劝饮”“指定人饮”“自饮（酌）”“处（罚）”“放（皆不饮）”六种饮酒的方式，紧接刻有饮酒的多少，有三分、五分、七分、十分之分，最多的是四十分，三分是小半杯，五分是半杯，七分是大半杯，十分则一满杯，四十分就是四杯。如“有朋自远方来，不亦乐乎，上客五分”，意思是朋友远道而来，大家很高兴，在座的上宾都要喝半杯。

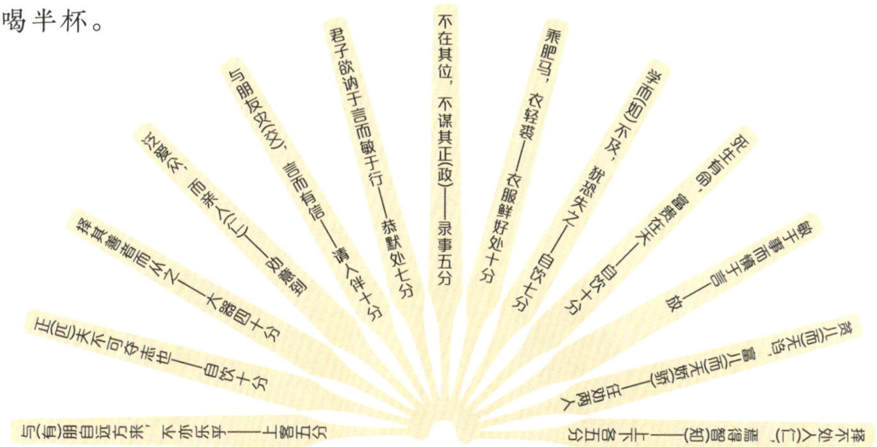

技惊长安 力量之美

名　　称：唐三彩童子叠置伎俑

用　　途：随葬

出土地点：2002年西安市长安区郭杜乡唐墓

馆藏地点：西安博物院

中国杂技历史悠久
秦始皇陵陪葬坑中已经发现了从事各种杂技活动的“百戏俑”
汉代画像石也发现了有爬高杆、走绳索、说唱等杂技娱乐活动

2022年11月7日　　星期一　　阴

“叠置伎”是一种唐朝杂技活动，即叠罗汉，俗称“码活”，由两个以上的人层层叠成各种样式来表演各种节目。

这件文物由5层7个人组成，最下面的是个大力士，他双脚分开站立，双臂张开，拳头紧握，双目大睁；第二层是两个小孩，用胳膊紧紧搂抱在一起，一只脚踩大力士头顶，其余的手臂和腿脚向外展开；第三层是一个小孩双脚站立在下面两童子的肩上，双臂平伸，双手握拳；第四层的两个小孩与第二层一样；最高一层的小孩站立在下面两童子的肩上，既惊险又可爱，正扒开裤子向下撒尿。这形象生动地再现了唐代杂技艺术鲜活的场景，是大唐杂技艺术的缩影，是众多文物中反映唐代杂技活动的一件唐三彩。

现存日本的《信西古乐图》是唐代乐舞散乐杂戏图集，收集了大量唐代乐舞散乐杂戏古图，成为研究唐代乐舞、杂戏等娱乐活动的重要资料。

《秦王破阵乐》是唐朝宫廷乐舞，李世民登基后，将这首乐曲编成了舞蹈，经过宫廷艺术家的加工完善，添加了龟兹的乐曲元素，形成了气势雄浑、号召力强的大型皇家乐舞。

唐朝流行的胡人乐舞有“胡饮酒”“罗陵王”“返鼻胡童”“苏合香”“苏莫者”“狮子舞”等。其中“狮子舞”最具代表性，狮子郎手持一个能转动的绣球逗引，狮子随着绣球的各种动作进行舞蹈。

大唐·石刻

“竹帛难存，金石永固”
唐代石刻是大唐文化的重要载体
以最直接、最真实的方式讲述着那段盛世的故事

无论是西安碑林的石台孝经、开成石经及大秦景教流行中国碑
还是乾陵的无字碑、述圣记碑及六十一王宾像
都再现了大唐经济的繁荣与发达、文化的多元与包容

迎宾第一碑

名　　称：石台孝经

用　　途：倡行孝道

刻成时间：745年

馆藏地点：西安碑林博物馆

《石台孝经碑》集“三帝”于一身

碑文是文帝孔子所撰的《孝经》，唐玄宗以隶书抄写，唐肃宗题写碑额

座底下有三层石台，故称《石台孝经》

文物解密

《石台孝经碑》被称为“迎宾第一碑”，位于西安碑林，呈长方柱体，四面刻字，碑头上雕刻着灵芝云纹簇拥的双层花冠，高贵典雅；碑身由四块青石相合而成，华丽大方，碑额是由当时的太子李亨用篆书所书写的：“大唐开元天宝圣文神武皇帝注孝经台”16个字，内容是唐玄宗所抄写的孝经。

713年，临淄王李隆基以两次兵变杀掉伯母韦皇后和姑姑太平公主，立父唐睿宗为帝，之后自己称帝，武惠妃死后又娶了儿媳杨玉环，为了避“名不正言难顺”之讳，确保自己的帝位，他宣扬以“孝”治天下。744年，玄宗诏令天下家藏《孝经》一部，让子弟精读勤学，并于第二年亲自书写《孝经》，刻碑以示天下。

局部效果图

碑石物语

原文：身体发肤，受之父母，不敢毁伤，孝之始也。立身行道，扬名于后世，以显父母，孝之终也。夫孝，始于事亲，中于事君，终于立身。

译文：人的身体以至每一根毛发和每一块皮肤，都是父母给予的，应当谨慎爱护，不敢稍有毁伤，这是实行孝道的开始；以德立身，实行大道，使美好的名声传扬于后世，以光耀父母，则是实行孝道的最终目标。所以实行孝道，开始于侍奉双亲，进而在侍奉君主的过程中得到发扬光大，最终的目的就是成就自己的德业。

局部效果图

外邦来客 见证友好

名　　称：献陵石犀

用　　途：陵墓石刻

发现地点：李渊献陵

馆藏地点：西安碑林博物馆

石犀最初立于唐朝开国皇帝李渊墓前
后移至西安碑林进行保护
是大唐王朝与外国友好交往的真实见证

2021年9月28日　星期二　晴

今天我在西安碑林看到了一只体型巨大的犀牛，这种犀牛为“圆帽犀”，生活在东南亚一带，头上无角，鼻子上有圆包，眼睛生动传神，脖子上的褶皱、腿上的鳞片被雕刻得逼真、形象，四肢粗壮，坚实有力，整个形象栩栩如生。

讲解老师说这应该是外国赠送给唐朝的，是大唐王朝与外国友好交往的真实见证，是一件国宝级文物。

局部效果图

战功赫赫 生死相伴

名　　称：昭陵六骏

用　　途：陵墓石刻

发现地点：陕西省咸阳市礼泉县唐太宗昭陵

馆藏地点：西安碑林博物馆，美国宾夕法尼亚大学博物馆

"飒露紫"是昭陵六骏中唯一一个有人物的石刻
《旧唐书·丘行恭传·卷五十九》记载：
"行恭于御马前步执长刀，巨跃大呼，斩数人，突阵而出，得入大阵"

场景一 刻石纪念

唐太宗李世民为了纪念跟随自己征战疆场的六匹战马，下诏命大画家阎立本画出六骏，再令工匠把它雕出来。

场景二 六骏刻成

六骏分别为"拳毛䯄（guā）""什伐赤""白蹄乌""特勤骠""青骓""飒露紫"，每幅石雕长约204厘米，高约172厘米，厚约40厘米，均为青石质地，每屏上方一角原刻有由欧阳询书丹的唐太宗亲题赞语，现已风化不在。

六骏采用高浮雕手法，以简洁的线条，生动传神地表现出战马的体态、战阵中箭及驰骋疆场的场景，成为中外闻名的艺术精品。

场景三 命运多舛

"昭陵六骏"在昭陵完好地保存了1300多年，然而，在近代遭到了破坏、倒卖。1914年，"飒露紫"和"拳毛䯄"被以12.5万美元盗卖到美国，现藏于美国费城宾夕法尼亚大学博物馆。

场景四 珍藏碑林

1918年，美国人毕士博准备盗走另外四骏石刻，运输之前他将这四件石马分成数块，但运输过程中被陕西当地民众发现并拦截，才有幸保留下来。1953年被收藏于当时的陕西省博物馆（今西安碑林博物馆），现在，在西安碑林博物馆可以看到这4件国宝及"飒露紫"和"拳毛䯄"的复制品。

史料链接

特勤骠

白蹄乌

什伐赤

拳毛䯄

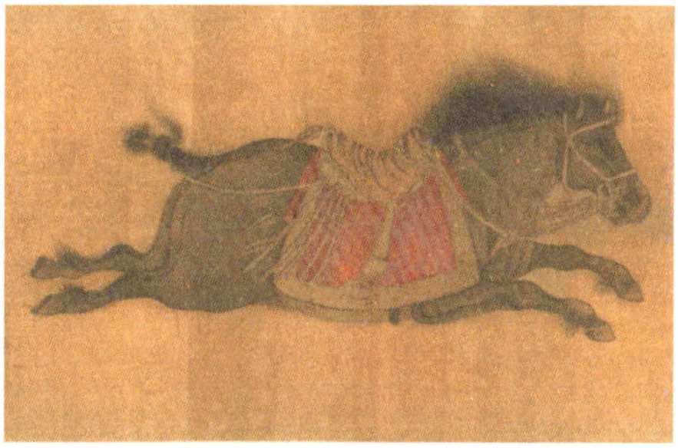

青 骓

飒露紫

李世民是唐朝第二位皇帝，626年7月2日发动“玄武门之变”，杀死太子李建成和齐王李元吉，被册立为皇太子。8月9日，唐高祖李渊退位，李世民即位，年号贞观。继位之后，李世民励精图治，开创了“贞观之治”，为大唐走向稳定、繁荣奠定了坚实的基础。649年7月10日，52岁的李世民驾崩，在位23年，庙号太宗，葬于昭陵。

无字史书　千古谜团

名　　称：无字碑

用　　途：陵墓石刻

地　　点：陕西省咸阳市乾县乾陵景区

无字碑上当初为何无字，至今仍无定论
后有女真文字刻成的《大金皇弟都统经略郎君行记》
并有汉字译文，这是研究女真文字与少数民族历史的重要资料

文物解密

无字碑上当初为什么一个字没有刻呢？有权威学者说武则天“谥号”一直没定下来，没法写碑文，所以没刻一字。还有学者认为，武则天死后到李隆基这段时间比较混乱，中宗李显被害，太平公主与李隆基斗争不断，在当时此事就一直被搁置。

无字碑位于陕西咸阳市乾县城北6千米的梁山乾陵陵前东侧，是用一块完整的巨石雕凿而成，高8.03米，98.8吨，形制恢弘，凝重厚实。

碑首的8条螭（chī）龙巧妙地缠绕在一起，鳞甲分明，筋骨裸露，静中寓动。碑石两侧各有一条腾空飞舞的巨龙，线刻而成，威严灵动。碑上的花草纹饰精细流畅，栩栩如生。

碑座阳面还有线刻的狮马图，马屈蹄俯首，温顺可爱，雄狮则昂首怒目，十分威严。

史料知库

谥号是指古代历史上的皇帝、皇后以及诸侯大臣等社会地位相对较高人物，在其去世之后朝廷会依据其生平事迹，从而给出一个具有评价意义的称号，用以高度概括一个历史人物的生平。

武则天档案

基本信息

姓名 武则天

性别 女

籍贯 山西文水县

朝代 唐、武周

信仰 佛教

职业 才人、皇后、皇帝

墓葬 乾陵（陕西乾县）

成就

1.完善科举制度，推动了唐朝诗歌的发展。

2.在农业发展、丝路贸易、军事安全、文化发展、对外交流等方面取得了辉煌的成就。

3.延续了贞观之治、永徽之治的盛世，为开元盛世的到来奠定了坚实的基础。

经历

1.624年生于长安，在利州（今四川广元）、荆州（今湖北襄阳）和太原度过童年时代。

2.637年，不到14岁的武则天进入宫中为唐太宗才人。

3.29岁时，再次进入宫中成为唐高宗昭仪。

4.31岁成为皇后，时常帮高宗处理朝政，很快熟悉了政务处理方法。

5.683年12月27日，高宗驾崩后，以太后身份临朝理政。

6.690年，67岁的武则天改唐为周，自立为大周皇帝。

7.705年12月16日病逝，终年82岁。

一代女皇

655年，唐高宗李治先后两次召众臣商议立后之事
长孙无忌、褚遂良极力反对，于志宁沉默不言
正当高宗迷茫时，李勣（jì）说：“立后那是你的家事，为何要问别人呢？”
高宗突然明白了，于是立武则天为后

第一幕 悲苦童年

武士彟娶杨氏生有两女，一个是后来的韩国夫人，一个就是武则天。母女3人受武士彟前妻所生孩子欺负，在这种环境下形成了武则天刚毅、不服输的性格。

第二幕 初入宫廷

14岁的武则天被选入宫中，入宫之前母女离别，武则天母亲非常伤心，然而武则天却非常高兴，认为这是一件幸福的事情。

第三幕 入寺为尼

649年7月，太宗晏驾终南山翠微宫，依唐朝旧制，未有生育的武则天只好入感业寺为尼。

第四幕 大唐皇后

高宗李治在感业寺上香时，遇见武则天，将武则天迎入宫中，立为昭仪。武则天先后铲除了对手萧淑妃、王皇后，唐高宗在李勣、许敬宗、李义府等人的支持下，655年12月13日，武则天被正式封为皇后，走上了历史舞台。

第五幕 铲除政敌

武则天对反对自己的长孙无忌、韩瑗、来济、褚遂良等人进行了严厉地打击，使得关陇集团早早地退出了历史舞台，标志着贵族

舊唐書卷六

後晉司空同中書門下平章事劉　昫撰

本紀第六

則天皇后

則天皇后武氏諱曌幷州文水人也父士彠隋大業末爲鷹揚府隊正高祖行軍於汾晉每休止其家義旗初起從平京城貞觀中累遷工部尚書荆州都督封應國公初則天年十四時太宗聞其美容止召入宮立爲才人及太宗崩遂爲尼居感業寺大帝於寺見之復召入宮拜昭儀時皇后王氏良娣蕭氏頻與武昭儀爭寵互

政治的结束、官僚政治的开始，许多社会中下层优秀人士走上历史舞台参与国家管理。

第六幕 政治改革

武则天是一位勇于革新、敢于打破传统、重视制度建设、依法治国的政治家。

1.修订《姓氏录》，禁止陇西李氏、太原王氏、荥阳郑氏、范阳卢氏、清河崔氏、博陵崔氏、赵郡李氏相互通婚，这些措施进一步否定了旧的门阀制度，为新地主阶层登上历史舞台扫清了道路。

2.完善科举，高宗、武后时期，将每年进士名额扩充至20名以上，并规定进士加试杂文，促进了唐代文学的繁盛。武则天对科举的主要贡献是开设殿试、实行糊名制、开设武举。

第七幕 泰山封禅

666年，高宗与武则天率领文武大臣及外国首领前往泰山祭天。自古以来，只有帝王才能登泰山封禅，而武则天作为女人第一次参加封禅，足见她在当时国家政治生活中重要的地位。

第八幕 临朝称帝

683年12月19日，高宗病逝于洛阳贞观殿，葬于乾陵，武则天以皇太后身份临朝理政，立李显为帝，史称唐中宗。不久废中宗，立四子李旦为帝，史称睿宗，690年，武则天称帝，改唐为周。武则天为中国历史上唯一的女皇帝。

第九幕 善用人才

武则天晋升为皇后重用过李义府、许敬宗等人，临朝理政后为稳定政局大量任用酷吏，“请君入瓮”这一成语就是这一时期产生的。大周江山稳定之后，启用狄仁杰等贤臣参与治理国家，巩固边防、开疆拓土，进一步拓展了大唐的疆域。

第十幕 归葬乾陵

705年2月20日，张柬之等发动政变，武则天被软禁于上阳宫，失去权力的武则天做出了“去帝号、归葬乾陵”的明智选择，11月27日，病逝上阳宫，终年82岁，706年7月2日与高宗合葬于乾陵。

史料知库

1.报乳名要当心

当时就流传着“女主武氏当有天下”，李世民一直在想这个人是谁啊，在一次宴会上，大家为了助兴就提议报自己的乳名，大家听了都很高兴，其中有一个叫李君羡的人乳名叫“五娘子”，当时李世民觉得没什么，后来他想起了“武氏当有天下”，觉得这个人就是李君羡，就找个机会将其杀了。

2.请君入瓮

唐朝女皇武则天为了镇压反对她的人，任用了一批酷吏。其中有两个最为狠毒，一个叫周兴，一个叫来俊臣。他们利用各种手段、刑罚杀害了许多无辜的官员和百姓。

有一天，武则天收到一封周兴与人谋反的告密信，非常愤怒，令来俊臣查清此事，仅凭一封告密信，审查奸诈的周兴肯定没有结果。来俊臣几天彻夜难眠，终于想出来了一个办法。

他准备了一桌丰盛的饭菜，请周兴来家里吃饭，酒过三巡之后，来俊臣说：“我在办案时，有些狡猾的罪犯怎么审就是不认罪，你遇到这种情况怎么办呢？”周兴得意地说：“你找一个大瓮，四周用炭火烤热，使犯人进到瓮里，他准招。”

来俊臣随即按照周兴说的照做，然后对周兴说：“有人密告你谋反，我奉命彻查，请进瓮。”周兴惊慌失措，连忙跪在地说：“我有罪，我招。”

天朝帝国 盛世永续

名　　称：六十一王宾像
用　　途：陵墓石刻
位　　置：陕西省乾县乾陵景区

六十一王宾像
是当年参加唐高宗李治葬礼的外国使臣
是大唐对外政治影响、文化交流、睦邻友好的见证

文物解密

六十一王宾像立于乾陵朱雀门外两侧，他们高鼻深目、两手前拱、双足并立、穿紧袖窄袍、束腰宽带、足蹬皮靴，毕恭毕敬地站在墓前。当初他们背上刻有国籍、姓名、官位的文字，历经风雨侵蚀，大部分已难辨认，只有6位石像背后的文字依稀可见。

从元代李好文编撰的《长安志图》中可以找到39位王宾像背上的文字拓片，他们是参加高宗葬礼的西亚各国的特使和侨居长安的外国国王，有木俱罕国王斯勒、于阗（tián）王尉迟敬、石国王子石忽那等人。

六十一尊王宾像身躯保存得比较完整，头部已经不见了，至于这些石像头部为什么不见了，目前尚无定论。

局部效果图

世界四大名碑之一

名　　称：大秦景教流行中国碑

用　　途：文化融合的见证

馆藏地点：西安碑林博物馆

大秦景教流行中国碑
记载了景教教义、礼仪及景教传入中国的重要事实
是研究景教历史及其在中国唐代传播情况的重要史料
是大唐与古叙利亚、伊朗等地文化交流、友好往来的重要实物资料
被称为世界上最著名的“四大石碑”之一

米　朵　老师，大秦景教流行中国碑中的“大秦景教”是什么意思？

讲　师　“大秦”是唐朝人对东罗马帝国的称呼，“景教”是基督教中的聂斯托利派，公元7世纪唐代初期，聂派基督教传入大唐，取名景教，“景”字含有“大”与“光明”的意思。

米　朵　这个碑上这么多字，说的是什么意思？

讲　师　碑文记载的是唐贞观年间，有一个从古波斯来的传教士叫阿罗本，长途跋涉来到长安。他请求皇帝让他在大唐传教，获得批准后，景教开始在长安等地传播起来。碑文分为三个部分：第一部分是景教的教义等；第二部分是景教传入中国的过程和100多年的发展史，这是最核心、最有价值的内容；第三部分主要是歌颂伊斯，他在朝廷任三品官员，对景教的发展起到了相当的大作用。

米　朵　听说这块碑的命运非常坎坷。

讲　师　是的，781年大秦景教流行中国碑刻成，立于长安大秦寺内，845年武宗灭佛，此碑被教徒埋入地下。到了明朝，1623年此碑出土被移入金胜寺内，在寺内存放了300多年，清末战乱频发，碑亭被烧，碑石在野外裸露多年。

米　朵　那这块碑是什么时候移到碑林的？

讲　师　1907年，丹麦记者何尔莫想盗此碑，他让人做了一件一样的复制品，企图盗换真碑，阴谋败露后，陕西巡抚曹鸿勋随即将原碑移置于西安城内碑林护藏。

米　朵　老师，我看到有些视频中说碑上有个十字架的图画。

讲　师　对，你看，碑额上部由吉祥云环绕的十字架下部是典型的佛教莲花瓣朵，在那时显示出景教开的是中土佛教之“花”，结的是西方基督之“果”。

米　朵　这块碑有什么历史意义呢？

讲　师　第一，此碑记述了景教在中国的传播情况，明确了长安城中第一所景教寺院的位置与发展情状，表现了大唐开放、包容、宽松的政治环境，并见证了大唐兼容并蓄的胸怀。第二，此碑是中西文化交流及早期基督教传入中国的最早见证物，是研究中国古代基督教早期传播重要的资料，被誉为“中国基督教之昆仑”。第三，碑中的古叙利亚文，为研究当时东罗马传教所用文字有着极为重要的参证价值，因而也被西方国家视作基督教的神圣之碑。

局部示意图

最幸运的常败将军

名　　称：龟形墓志

用　　途：墓葬石刻

出土地点：1973年陕西省咸阳市三原县

馆藏地点：西安碑林博物馆

李寿是李渊起兵时最早的支持者，协助李渊占领京城
李寿和其子李孝同最初就认可李世民，是李世民的拥护者
1973年在李寿墓里发现了一件兽首龟形墓志
一具堪称唐代石雕艺术典范的石椁和一批精美的唐墓壁画

米朵　老师，为什么李寿打了败仗，皇帝都不责罚他？

讲师　李渊开始带兵举事的时候，李寿是最早、最热心的支持者，所以皇帝对他有一份特殊的情感。

米朵　哦，原来是这样，听说他的墓志造型非常奇特。

讲师　是的，是一个“兽首龟形”墓志，龟的四足趴伏在长方形的底座之上，龟头前伸，双目圆睁。龟的背甲为墓志盖，上刻篆书“大唐故司空公上柱国淮安靖王墓志铭”16字，龟身为墓志铭，用楷书写成。底座四周还有刀法流畅的线刻蔓草纹饰。李寿墓志雕刻精致，构思独特，是唐代墓志中不可多得的珍品，有“天下第一墓志”之美称。

米朵　为什么要将墓志做成“龟形”呢？

讲师　因为龟在古代是长寿和高位的象征，希望死者在另外一个世界可以永享安宁。

米朵　除了墓志，还有哪些有价值的文物？

讲师　当时还发现了一件雕刻精美的石椁和一些精美的壁画，石椁由28块青石组成，前面有两扇可以开合的石门。外部四周雕刻有青龙、白虎、朱雀、玄武四神，以及卫士、文臣、武将、仙人等形象，内部的顶端刻有星象图，四周有乐伎、舞女等人物形象，整个画面线条流畅优美，形象逼真。真实再现了唐宫廷乐舞及贵族生活的盛况。

米 朵 这个墓真是太奢华了！

局部示意图

大唐最为精美的石灯之一

名　　称：石灯

用　　途：灯具

发现地点：陕西省乾县西湖村石牛寺中

馆藏地点：西安碑林博物馆

唐朝寺庙的殿堂前常设有石灯

象征佛法的智慧与法力，给世人光明的指引

唐代现存精美的石灯有

陕西石牛寺石灯、河北廊坊隆福寺长明灯楼、山西代县石灯台

文物解密

1959年，此座石灯从陕西省乾县石牛寺移至碑林博物馆珍藏

最初为九层，现为七层

石灯由灯室、蟠龙石柱和台座三部分组成

从台座到上面的灯室依次有山川、四条蟠龙、龙头、莲花等纹饰

方形的灯室有四面斜坡式灯盖，四角屋檐自然舒展上翘

整体造型构思巧妙，制作极其精美

局部示意图

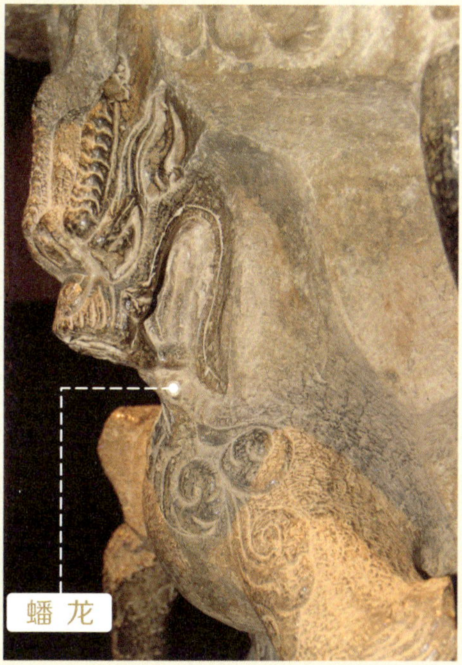

天下第一楷书

名　　称：九成宫醴（lǐ）泉铭碑

用　　途：警示教育

刻制时间：632年

馆藏地点：陕西省宝鸡市麟游县九成宫

《九成宫醴泉铭》是欧阳询晚年之作
被世人视为楷书正宗，有天下“第一楷书”之美誉

文物解密

631年，唐太宗李世民下令修复隋文帝之仁寿宫，后改名为九成宫。第二年，太宗皇帝到九成宫避暑，在游览时，偶然发现一清泉，欣喜之余，下令由魏徵撰文，欧阳询书写，于贞观六年（632年）刻碑纪念。

《九成宫醴泉铭》记述了“九成宫”的来历和其建筑的雄伟壮观，歌颂了唐太宗的武功文治和节俭精神，介绍了宫城内发现醴泉的经过，并说明醴泉的出现是由于“天子令德”所致，最后提出“居高思坠，持满戒溢”的谏诤之言。

拓片局部效果图

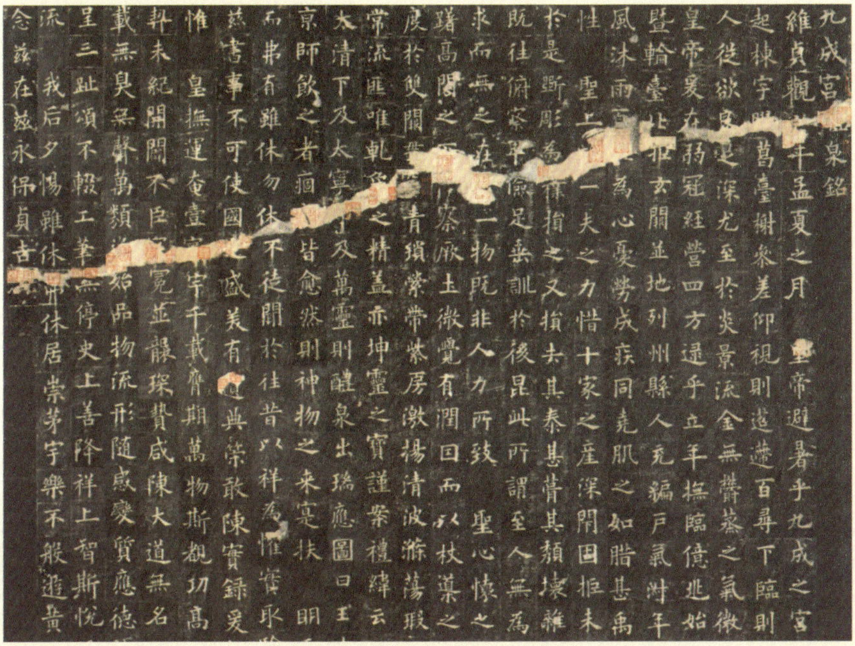

碑文节选

维贞观六年孟夏之月，皇帝避暑乎九成之宫，此则隋之仁寿宫也。冠山抗殿，绝壑为池，跨水架楹，分岩耸阙，高阁周建，长廊四起，栋宇胶葛，台榭参差。仰视则迢递百寻，下临则峥嵘千仞，珠璧交映，金碧相晖，照灼云霞，蔽亏日月。观其移山回涧，穷泰极侈，以人从欲，良足深尤。至于炎景流金，无郁蒸之气，微风徐动，有凄清之凉，信安体之佳所，诚养神之胜地，汉之甘泉不能尚也。

皇帝爰在弱冠，经营四方，逮乎立年，抚临亿兆，始以武功壹海内，终以文德怀远人。东越青丘，南逾丹徼，皆献琛奉贽，重译来王，西暨轮台，北拒玄阙，并地列州县，人充编户。气淑年和，迩安远肃，群生咸遂，灵贶毕臻，虽藉二仪之功，终资一人之虑。遗身利物，栉风沐雨，百姓为心，忧劳成疾，同尧肌之如腊，甚禹足之胼胝，针石屡加，腠理犹滞。爰居京室，每弊炎暑，群下请建离宫，庶可怡神养性……

唯皇抚运，奄壹寰宇，千载膺期，万物斯睹，功高大舜，勤深伯禹，绝后承前，登三迈五。握机蹈矩，乃圣乃神，武克祸乱，文怀远人，书契未纪，开辟不臣，冠冕并袭，琛贽咸陈。大道无名，上德不德，玄功潜运，几深莫测，凿井而饮，耕田而食，靡谢天功，安知帝力。上天之载，无臭无声，万类资始，品物流形，随感变质，应德效灵，介焉如响，赫赫明明。杂沓景福，葳蕤繁祉，云氏龙官，龟图凤纪，日含五色，乌呈三趾，颂不辍工，笔无停史。上善降祥，上智斯悦，流谦润下，潺 皎洁，萍旨醴甘，冰凝镜澈，用之日新，挹之无竭。道随时泰，庆与泉流，我后夕惕，虽休弗休，居崇茅宇，乐不般游，黄屋非贵，天下为忧。人玩其华，我取其实，还淳反本，代文以质，居高思坠，持满戒溢，念兹在兹，永保贞吉。

丝路炫舞 美出天际

名　　称：胡旋舞石刻墓门

用　　途：墓葬石刻

出土地点：1985年宁夏回族自治区盐池县

馆藏地点：宁夏博物馆

胡旋女，胡旋女。心应弦，手应鼓

弦鼓一声双袖举，回雪飘飖转蓬舞

左旋右转不知疲，千匝万周无已时

舞者应声急速起舞，两足交替，但不离地，急速旋转

文物解密

胡旋舞大约在北周时期通过丝绸之路传入中原，成为唐代非常流行的一种舞蹈。胡旋舞石刻墓门在唐代墓葬中首次发现，是民族迁徙与融合的见证。现为宁夏博物馆的镇馆之宝。

石门的主人是中亚粟特人，是“昭武九姓”中的何国人氏。昭武九姓人聚居在宁夏境内吴忠市、盐池、灵武一带，这些地区的墓葬中常常发现“胡旋舞”的元素。

每扇石门中间浅雕一个正在跳“胡旋舞”的男子，他们深目高鼻，卷发长须，健壮腰细。身穿圆领紧身衣服，脚穿长筒皮靴，踩在一小圆毯上起舞。两人所跳舞姿略有不同。左侧男子右脚立于圆毯之上，左腿向前伸展，双臂向上举过头顶；右侧男子左脚站立圆毯上，右腿后屈，侧身回望，右臂举过头顶，手持长巾舞动。整个画面轻盈柔美，充满了愉悦的生活场景。

史料知库

汉初，月氏被匈奴打败，被迫西迁，进入今中亚粟特地域的锡尔河与阿姆河中游之间泽拉夫善河流域一带，征服当地土著，形成若干城邦，为嚈哒（yàn dā）治。嚈哒衰落之后，各城邦重获独立，复姓昭武，形成以康国为首的诸粟特城邦，其中有安、曹、石、米、何、史、穆、毕等国。《新唐书》以康、安、曹、石、米、何、火寻、戊地、史为昭武九姓，也称"九姓胡"。

大唐·文化

唐朝是一个开放包容、文化多元、兼容并蓄的朝代
与周边的日本、朝鲜、中亚诸国文化交流频繁
各种文化汇集于长安，使长安成为世界文化交流中心

万国来朝 帝国外交

名　　称：客使图

用　　途：墓葬壁画

出土地点：1971年陕西省咸阳市乾县乾陵章怀太子墓

馆藏地点：陕西历史博物馆

鸿胪寺是唐代主管民族事务与对外接待的机构
《客使图》是大唐外交题材的艺术作品
具有极高的历史价值与艺术价值

文物解密

《客使图》是唐朝外交机构鸿胪寺官员接待外国使节的场景，左侧三位是唐朝官员，穿着朝服，头戴介帻（jiè zé），外加漆纱笼冠，身着阔袖红袍，腰系绶带，足穿齐头履，手执笏板，神情肃穆，似乎正在商谈事宜。

后边的第一位秃顶、浓眉、深目、高鼻、阔嘴，穿着翻领紫袍，脚穿黑靴，目光焦虑，忐忑不安的应该是东罗马人。第二位面庞丰圆，须眉清晰，朱唇，头戴尖状小冠，两边插有羽毛，身穿短袍、宽松裤与黄皮靴，双手拢起，毕恭毕敬地等待的应该是来自朝鲜半岛的新罗国使节。最后一位头戴皮帽，身穿圆领黄袍，外披一件大氅（chǎng），下身穿黄色的窄裤、脚穿黄皮靴，目光谦卑，应该是东北少数民族地区靺鞨（mò hé）族的使者。

局部效果图

纸本国宝

名　　称：五牛图
作　　者：韩滉（huàng）
馆藏地点：北京故宫博物院

《旧唐书》记载，宣城所产之纸为贡品
其代表了当时造纸的最高工艺
有“纸寿千年、纸中一绝”的美誉

文物解密

“五牛图”是纸上唐朝的代表之一。《旧唐书》记载：天宝二年，陕西太守韦坚向朝廷进贡时，各郡贡品就有“宣城郡船载……纸、笔、黄连等物”。宣纸不会褪色、不会腐烂，易于保存，有“纸寿千年”的美誉。

宣纸制造过程复杂，产量不高，价格稍贵，即便如此仍然“供不应求”。造纸技术的提高与发展，提高了纸张的产量，极大地促进了唐朝文学的发展，使得许多诗人的作品能很好地保存并流传下去。

唐朝发达的经济促进了“唐纸”的发展，提高了“唐纸”的

数量、质量和种类。“唐纸”促进了唐朝文化的繁荣发展，也承载着唐朝文化，使之传到世界各地。

“唐纸”促进了诗歌的发展，诗歌的繁荣又促使唐纸不断改进与完善。唐纸成为大唐文化传播的一种媒介，日本的茶道、香道等文化都是遣唐使带回日本的，如《信西古乐图》。唐纸见证了大唐的兴衰，承载了灿烂多姿、举世闻名的大唐文化，记载着大唐诗人的才华与梦想。唐诗成为中华文化宝库中最灿烂、最耀眼的明珠。

局部效果图

砚池湛湛一泓墨 衣焙霏霏半篆香

名　　称：唐砚
用　　途：文房用品
珍藏地点：民间收藏（西安）

文人有砚，犹美人之有镜也，一生之中最相亲傍
故镜须秦汉，砚必宋唐
唐代最具代表的砚形是辟雍式和箕形式

文物解密

笔、墨、纸、砚作为文房用具必不可少，在考古过程中发现最多的就是砚台，唐砚承继了魏晋南北朝砚台的形制。

砚台由研磨器演化而来。发展至唐代，砚台的形制基本上有辟雍（pì yōng）砚、箕形砚和异形砚三种。

唐代砚台以箕形砚为主，形似簸箕，底部有两足支撑，尾部高于首部，呈斜坡状，这是唐代最普遍的一种砚台样式。箕形砚分为两种样式：一种是砚首部与砚堂交界处为折线痕造型；一种是砚首部为饱满的圆弧形。

辟雍砚由汉朝的圆形三足砚发展而来，砚堂周围有拦水边墙，逐渐到砚堂慢慢凸起，边墙和砚堂之间形成一圈水渠，这就是辟雍砚。周代天子设立的学校称为辟雍，这是当时最高等级的学堂。辟雍以圆形的建筑作为学堂，四周有水环绕，水上有桥。

白瓷辟雍砚 / 唐 / 1986年长乐公主墓出土 / 昭陵博物馆藏

佛门至宝

名　　称：佛指舍利

特　　点：佛祖释迦牟尼真身指骨舍利

出土地点：1987年法门寺地宫

供奉地点：陕西宝鸡法门文化景区

“云横秦岭家何在？雪拥蓝关马不前”
为韩愈因《论佛骨表》被贬潮州，离开长安时
大雪封山，内心惆怅、苦闷时所写

文物解密

每隔30年法门寺地宫开启，唐朝皇帝迎佛祖“舍利”到长安供养，每次迎奉规模宏大，耗费了大量的人力、财力等。韩愈从“舍利”的形成、性质等方面进行分析论述，文中提到，从汉明帝开始有佛之后，诸事不顺、国运不长，且每次迎逢有人断臂脔身以来供养，这种迎逢之事伤风败俗、贻笑四方。

韩愈的《论佛骨表》惹怒了皇帝，被贬潮州。韩愈离开长安前往潮州时，秦岭大雪封山，这场景和他被贬的情感相应，于是韩愈写下了《左迁至蓝关示侄孙湘》这首诗，留下了“云横秦岭家何在？雪拥蓝关马不前”的名句。

左迁至蓝关示侄孙湘

唐·韩愈

一封朝奏九重天，夕贬潮州路八千。
欲为圣明除弊事，肯将衰朽惜残年！
云横秦岭家何在？雪拥蓝关马不前。
知汝远来应有意，好收吾骨瘴江边。

韩愈，字退之，今河南省孟州市人，生于768年，唐代著名的文学家、思想家。韩愈为“唐宋八大家”之首，其文章言辞真率、慷慨雄浑、观点独到、忧愤甚广。“古之学者必有师。师者，所以传道授业解惑也”“业精于勤，荒于嬉；行成于思，毁于随”等，这些千古名句都出自韩愈的文章，著作《韩昌黎集》流传至今。

大唐行走的乐团

名　　称：唐三彩骆驼载乐俑

用　　途：随葬

出土地点：1959年陕西省西安市西郊中堡村唐墓

馆藏地点：陕西历史博物馆

骆驼被誉为“沙漠之舟”
是丝绸之路上重要的运输力量
也是中西方文明交流的亲历者与见证者

文物解密

“胡部新声”流行于唐代开元、天宝年间
是胡汉文化融合后形成的新舞乐，成为中西方文化融合的典范

三彩骆驼载乐俑釉色鲜亮，自然协调
堪称唐三彩中的极品
骆驼背的平台上铺一张方格纹长毯
周围盘坐着7个男乐俑，中间站有1个女舞俑
乐俑手里拿着箜篌、箫、笙、琵琶、排箫、执笛和拍板7种乐器
正在专注地演奏
中间的女俑载歌载舞，歌声悦耳动听，骆驼回首进行呼应
他们穿着唐人的服饰，弹奏着西域的乐器
展现了各国人民在长安这个国际化的大舞台上
享受着太平盛世的美好生活

骆驼是古丝绸之路上的重要交通工具
它们与胡人相伴、满载物品，成群结队地穿梭于丝绸之路上
为东西方文明的交流融合做出了重要贡献

怀揣梦想 枕臂小憩

骑驼胡人小憩俑： 1987年在陕西省西安市韩森寨出土，现藏于西安博物院。这是古代丝路繁荣的真实写照，骆驼曲颈昂首，背上有一胡服女俑，侧身盘腿横骑驼背，左手搭在左腿上，右手搭在驼峰上，头枕右臂作小憩状，生动形象地展现了丝路商人的艰辛。

波斯美物 流光溢彩

名　　称：琉璃器

用　　途：供奉

出土地点：1987年法门寺地宫

馆藏地点：法门寺珍宝馆

法门寺地宫出土的琉璃器历经千年，依然光彩夺目
它们器型完整、制作精美、纹饰华丽
是唐朝与西方文化交融的见证

讲　师 这是1987年法门寺唐塔地宫中出土的20件比较完整的琉璃器。

米　朵 老师，这些琉璃器是用来做什么的呢？

讲　师 根据地宫出土的《物帐碑》记载，这批琉璃器为唐僖宗供奉佛祖释迦牟尼真身舍利的器具，除一套茶碗茶托是典型的中国器型外，其余应是早期伊斯兰琉璃器。

米　朵 怎么都是外国的，唐朝的工匠做不出来吗？

讲　师 当时我们生产的“铅钡玻璃”没有西方“钠钙玻璃”品相好，外国工匠制造玻璃的技术更成熟一些。

米　朵 老师，玻璃在佛教中有什么重要意义吗？

讲　师 琉璃作为佛家七宝之一，是蓄纳了佛家净土的光明与智慧，是供佛修行的圣物。佛教以琉璃为宝，以琉璃光为佛的德性。西方净琉璃世界是佛教理想中的美好世界。

米　朵 那这些玻璃器在历史上有什么特点和意义呢？

讲　师 法门寺出土的琉璃器保留了伊斯兰的文化风格，又吸收了波斯与古罗马玻璃生产的工艺，形成了具有独特风格的民族产品，成为中西方文化交流的见证。

螺钿技艺 华丽奢华

名　　称：八曲葵花形螺钿（luó diàn）铜镜

用　　途：照面

出土地点：2001年西安理工大学新校区唐代李倕墓

馆藏地点：陕西考古博物馆

螺钿是一种镶嵌式的装饰工艺
将螺壳、海贝磨制成人物、花鸟或文字等各种造型的薄片
然后镶嵌在器物的表面

文物解密

铜镜是生活中照面的用具
八曲葵花形螺钿铜镜背面涂漆
并以蚌片磨制的4对鸳鸯及8组小宝相花镶嵌
周围镶有绿松石，画面灵动，精美奢华

日本正仓院珍藏着1件唐代五弦琵琶
采用顶级的螺钿工艺制作而成
首先将螺壳、海贝磨制成人物、花鸟、几何图形等形状
然后镶嵌在琵琶上，形成了各种精美的图案

螺钿镶嵌工艺分为硬钿、软钿和镌钿三大类
“点螺”是软钿中一种著名的工艺
先将螺贝制成厚度0.5毫米以下的薄片
再切割成点、丝、片等各种所需的形状
然后镶嵌在黑色的漆底上，在光线的照射下华丽奇幻
唐代的螺钿镶嵌技术非常成熟
螺钿紫檀五弦琵琶是最好的见证，充分展现了大唐的繁盛

756年，日本圣武天皇驾崩后
光明皇后将圣武天皇的日常用品及珍藏品交由日本东大寺保管
这些藏品中有一大部分是唐代的
因此，日本正仓院被称为“唐代传世文物的宝库”

大唐·货币

《旧唐书·食货志》记载：

“武德四年七月，废五铢钱，行开元通宝钱”

唐朝实行“钱帛兼行”的货币制度

以金属货币和绫、绢、绣、锦、罗等实物货币多元并行

方圆之间　尽显众生百态

名　　称：开元通宝
用　　途：赏赐、流通
出土地点：1970年陕西省西安市
馆藏地点：陕西历史博物馆

《旧唐书·玄宗本纪》记载：
“开元元年九月，宴王公百僚于承天门，令左右于楼下撒金钱
许中书门下五品以上及诸司三品以上争拾之”
形成了著名的"金钱会"

文物解密

何家村出土的钱币多达39类466枚，从春秋战国到唐代每个时期都有，除了中国的货币之外，还有东罗马、波斯、日本等国家的钱币，这些货币时间跨度大、涉及地域广，且在一个地方同时出土，在考古史上极为罕见。

何家村出土了30枚金开元通宝，421枚银开元通宝，这些金钱、银钱正面楷书的“开元通宝”四个字是由唐初大书法家欧阳询所书。金开元通宝是首次发现，主要是皇室贵族用来游戏、压胜，或者是皇帝赏赐臣属时用的。

同时出土了日本的“和同开珎(zhēn)”，这种货币从开始铸造到废除只有1年零3个月，由于时间短、数量不多，留下来的极少，在日本本土很少发现，而在何家村窖藏一次就出土了5枚，令日本震惊。经考证，这是唐玄宗开元四年（716年）日本第七次遣唐使带入中国的，见证了大唐与日本之间的文化交流。

唐代官员品级表

隋朝以前，官员品级用“冠”和“带”来区分。从隋朝开始，官员的品级用衣服颜色来区分，中间历经几次变化，唐高宗时最终确定。标志着中国官员级别的区分由原来的“冠带结构”转变为“袍带结构”。

官员级别	服色	冠	鱼带	带銙
一、二、三品	紫	三梁冠	金饰	金玉带十三銙
四品	深绯	两梁冠	银饰	金带十一銙
五品	浅绯	两梁冠	银饰	金带十銙
六品	深绿	一梁冠		银带九銙
七品	浅绿	一梁冠		银带八銙
八品	深青	一梁冠		鍮石带八銙
九品	浅青	一梁冠		鍮石带八銙
流外官，庶人	黄			铜、铁带八銙

笏板又称朝板、手板，古代大臣朝见皇帝时，将自己要上奏的事情提纲式地记录，以防遗忘，也可以记录皇帝旨意或命令。（《释名》中记载：“笏，忽也，备忽忘也。”）

唐朝官员品级依正、从、上、下分为九品三十级，诗人白居易在《琵琶行》中描写道：“座中泣下谁最多？江州司马青衫湿。”通过“青衫”这个词我们就能判断他是几品官员。

史料知库

《通典》卷六一《礼典·君臣服章制度》

贞观四年制，三品以上服紫，四品、五品以上服绯，六品、七品以上绿，八品、九品以上青。妇人从夫之色。

剪边钱 穿穴钱

讲 师 来，你看，这些金币和铜钱有什么不同？

米 朵 这些钱币外缘很不规则，好像被人把边剪了，还打了个孔，铜钱比这个规整，方孔是在中间的。

讲 师 对，这个叫剪边钱、穿穴钱，被剪了边，打了孔。

米 朵 老师，那为什么要这样做呢？

讲 师 为了得到一小块金，“金”在国内外可是硬通货，在任何地方交易大家都会认可，即使打过孔、剪过边也非常受欢迎。

米 朵 那也没有多少啊？

讲 师 但积少成多啊！

米 朵 那也是，真是“方圆之间，尽显众生百态”！

正

专知采市银使右相监文部尚书臣杨国忠进

背

安边郡和市银壹铤伍拾两，专知官监太守宁远将军守左司御率府付率，充横野军营田等，使赐紫金鱼袋郭子昂，天宝十二载十二月日

杨国忠进奉银铤于1970年在河南省洛阳隋唐宫城北郊出土，现藏于河南博物院。银铤呈长条形，上端弧形，下端直边。正面、背面的文字为了解唐朝政治、经济和军事等制度提供了真实的实物资料。

在唐朝，银铤是一种流通货币，既作为国家储备，又作为上供、进奉的礼品。杨国忠曾任采市银使，负责边市贸易税收。这件银铤是唐代文部尚书杨国忠献给皇帝的税银，证实了唐代“和市”制度的存在。

大唐·陶瓷

唐三彩、秘色瓷
代表了唐朝陶瓷工艺技术的最高水准
法门寺地宫的秘色瓷、西安博物院的唐三彩胡人腾空马
真实再现了大唐的辉煌成就

九秋风露越窑开 夺得千峰翠色来

名　　称：秘色瓷

用　　途：供奉佛指舍利

出土地点：1987年法门寺地宫

馆藏地点：法门寺珍宝馆

秘色越器

唐 · 陆龟蒙

九秋风露越窑开，夺得千峰翠色来。

好向中宵盛沆瀣（xiè），共嵇（jī）中散斗遗杯。

讲　师　1987年在法门寺地宫中发现了14件秘色瓷，终于揭开了“秘色瓷”的神秘面纱。

米　朵　老师，什么是秘色瓷啊？

讲　师　秘色瓷是中国传统制瓷工艺，是越窑青瓷中的特制瓷器。秘色瓷的制作配方秘不示人，烧制出来的瓷器供皇家专用。

米　朵　都发现了哪些秘色瓷呢？

讲　师　根据地宫出土的《衣物帐》上明确记录“瓷秘色碗七口，内二口银棱，瓷秘色盘子、叠子共六枚”，这批秘色瓷是唐懿宗和僖宗在咸通十四年（873年）的供养品。

米　朵　那最好的秘色瓷是哪件啊？

讲　师　法门寺地宫出土的八棱瓶是所有秘色瓷中最典型的作品之一，制作达到了唐代青瓷的最高水平。

米　朵　我们怎么确定这就是“秘色瓷”？

讲　师　法门寺地宫出土了4枚舍利和2499件大唐稀世珍宝，同时出土了记录所有器物的“物帐碑”，物帐碑上“瓷秘色”三个字揭开了秘色瓷神秘的面纱，原来秘色瓷就是越窑青瓷中的极品。

存世孤品 绝美三彩

名　　称：唐三彩腾空马

用　　途：随葬

出土地点：1966年陕西省西安市莲湖区制药厂

馆藏地点：西安博物院

唐三彩是唐朝陶器发展的最大成就
这是一种低温釉陶器，始于南北朝，盛于唐
有黄、白、绿、蓝、褐、黑等色彩
以黄、白、绿三色为主，因此称为“唐三彩”

文物解密

“三彩腾空马”是唐三彩中的精品之作
由骑手和飞驰的骏马两部分组成
骑马人身穿蓝色圆领长袍
双手为控马状态，面容丰满，头发中分，两耳上各梳一髻
腰间革带上有一袋囊，脚穿光头靴

骏马体型健壮、鬃毛直立、四蹄腾空、快速疾驰
马鞍上有白、绿、黄三色相同的袋囊
这件三彩腾空马造型生动、逼真，釉色鲜亮
虽为静态，但展示出骏马快速飞奔的形象
成为唐三彩的精品之一

结构示意图

神妙之花 表里如一

名　　称：绞胎粉盒

用　　途：生活器具

珍藏地点：民间收藏（西安）

绞胎器因其制作工艺难度极高、产量极低
成为贵族们的奢侈品，传世极少
绞胎瓷内外相通，表里如一
象征着文人雅士的“君子情怀”，深受文人喜爱

米朵 老师，这个盒子是做什么用的？

讲师 这是一个扁圆形的绞胎粉盒，盖与盒身以母子口扣合，盖上有一朵花进行装饰。

米朵 什么是绞胎呀？

讲师 绞胎是用两种或两种以上不同颜色的瓷土揉和在一起，制坯、上釉后烧制而成。在绞揉的过程中形成了树木纹、羽毛纹、流水纹等。每件器物纹路各不相同，变化无穷。

米朵 这种工艺是谁发明的呀？

讲师 这是由我国巩义窑与当阳峪窑的窑工发明的，这是我国陶瓷装饰界的一个伟大成就。绞胎器素有世界陶瓷界“神妙之花”的美誉。

米朵 这种陶瓷有什么特点呢？

讲师 “表里如一”是绞胎器最大的特点，这与孟子提倡的“君子本色，表里如一”一致，深受文人喜爱，体现了文人墨客的君子情怀。

温文儒雅 清俊自信

名　　称：唐代贴金彩绘文官俑

用　　途：随葬

出土地点：1971年陕西省咸阳市礼泉县张士贵墓

馆藏地点：昭陵博物馆

“为官择人，唯才是与，苟或不才，虽亲不用”
唐太宗李世民登基之后，沿用隋朝的科举制度选拔人才
更多的社会底层人士走向社会上层参与国家治理

文物解密

这件文官俑服饰华丽，颜色鲜艳，斯文儒雅，仪态端庄。是唐三彩之前随葬品制作的最高工艺的代表，为研究唐朝文官形象、服饰文化提供了真实的史料。

这个文官头戴深蓝色三梁冠，面容清俊，浓眉阔鼻，髭（zī）须上翘。上身穿朱色阔袖齐膝长衫，双手拱于胸前，下身着乳白色裳，脚蹬黑色如意云头履（lǚ），袖口边缘有精美的纹饰，是典型的唐朝文官形象。

唐太宗四请马周

场景一）代写奏章

太宗让文武百官写一份关于朝政得失的奏折，这一下难住了武官出身的常何，常何突然想到自己府中门客马周，此人非常有才华，常何就让马周代写奏折，这就是著名的《陈时政疏》，主要观点是：

一、节俭治国，力戒奢侈；

二、关心百姓苦乐，宽徭减赋，不可横征暴敛；

三、重视刺史、县令等地方官的任用，加强基层政权建设；

四、以隋亡为鉴，重视历史经验教训……

唐太宗阅后“称善久之”。

《唐五学士图》/南宋·刘松年/台北故宫博物院藏

场景二 太宗召见

太宗看了常何的奏折，大喜，经核实这是马周代常何所写。太宗急切地想见马周，然而当时马周和朋友在郊外游玩，当天太宗连续请了四次，马周的命运从此发生了重要转折。

太宗说："你很难请啊，你干什么去了?"

马周说："我去读书了。'书'分两种，一种是有文字的书，一种是没有文字的书。要想知道以往的事理，就得读那些有文字的书；要想知道国家的现状和民间的疾苦，就要深入到民间去读那些没有文字的书。"

场景三 因祸得福

马周刚到御史台任职，就遭到同僚陷害弹劾，心灰意冷，决意离开，太宗知道后，怒斥御史萧瑀，擢升马周为五品中书舍人。

场景四 忠心辅佐

马周为了报答唐太宗"四请"之恩，一生都恪尽职守，直言敢谏，为大唐的发展鞠躬尽瘁。

场景五 陪葬昭陵

648年，马周病逝，终年48岁，陪葬于昭陵。

史料知库

《陈时政疏》节选

贞观之初，陛下已躬为之，故今行之不难也，为之一日，则天下知之，式歌且舞矣。若人既劳矣，而用之不息，倘中国被水旱之灾，边方有风尘之警，狂狡因之窃发，则有不可测之事，非徒圣躬旰食晏寝而已。古语云："动人以形不以言，应天以实不以文。"以陛下之圣明，诚欲励精为政，不烦远求上古之术，但及贞观之初，则天下幸甚。

名　　称：大唐十二生肖俑

特　　点：兽首人身

馆藏地点：陕西历史博物馆

鼠

牛

虎

兔

龙

蛇

马

羊

猴

鸡

狗

猪

乐舞大唐 东西交融

名　　称：唐彩绘双环望仙髻女舞俑

用　　途：随葬

出土地点：1985年陕西省咸阳市长武县

馆藏地点：陕西历史博物馆

丰富多彩的唐代乐舞是唐文化的重要组成部分
分宫廷乐舞和非宫廷乐舞
都吸收了少数民族和外国乐舞的元素，与汉族乐舞融合
成为研究唐朝舞蹈艺术、文化交流及服饰文化的重要史料

米 朵 老师，这个人很个性呀！

讲 师 对，她是乐俑中非常个性的一位，通体彩绘，朱红点唇，白粉涂面，头上的发髻叫双环望仙髻，上身穿宽大的袖襦，有臂钏装饰，下身穿长裙，前腰有绣花蔽膝。

米 朵 她的手指动作真有意思。

讲 师 工匠抓住了乐俑的瞬间，双手举到胸前，食指伸出，生动形象，气韵俱佳。

米 朵 宫廷乐舞和非宫廷乐舞有什么不同？

讲 师 宫廷乐舞是专门服务于宫廷的礼仪性和娱乐性乐舞，在庆典、迎宾、祭祀等场合进行。非宫廷乐舞是在私宅及市井巷陌里表演的乐舞。来自西域的“胡腾舞”和“胡旋舞”，最初在民间流传，后来成为达官贵人、文人墨客喜爱的乐舞，风靡长安。

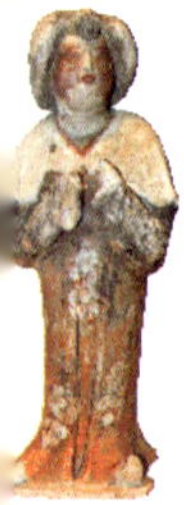

自信欢喜 大唐气象

名　　称：唐三彩梳妆女俑

用　　途：随葬

出土地点：1955年西安市王家坟90号唐墓

馆藏地点：陕西历史博物馆

构思奇妙 匠心经典

名　　称：青釉提梁倒灌壶

年　　代：五代时期

出土地点：1968年陕西省咸阳市彬州市

馆藏地点：陕西历史博物馆

青釉提梁倒灌壶构思巧妙、造型奇特
是一件实用性、艺术性、文化性相结合的艺术精品

文物解密

青釉提梁倒灌壶造型别致奇特，壶把像一只飞翔中的凤凰，凤首高翘，壶盖像似柿蒂，但不能打开，它将壶把、壶身连成一体。壶嘴出水处仿佛一只狮子张开的大口，狮子的牙齿清晰可见。这头母狮腹下还有一头正在吸吮母乳的小狮子。壶身雕有3朵盛开的牡丹，其下有仰开的莲花瓣。凤凰为鸟中之王，狮子为兽中之王，牡丹为花中之王，因此此壶也被称为“三王壶”。

没有盖子，酒是怎么灌进去的呢？原来灌酒时将壶倒过来，壶底有一梅花形的小孔，孔里连接有柱子，将液体从壶底注入，满了之后将壶再倒过来，便可以从壶嘴里倒出酒来，这是物理中“连通器液面等高”原理的运用。

结构示意图

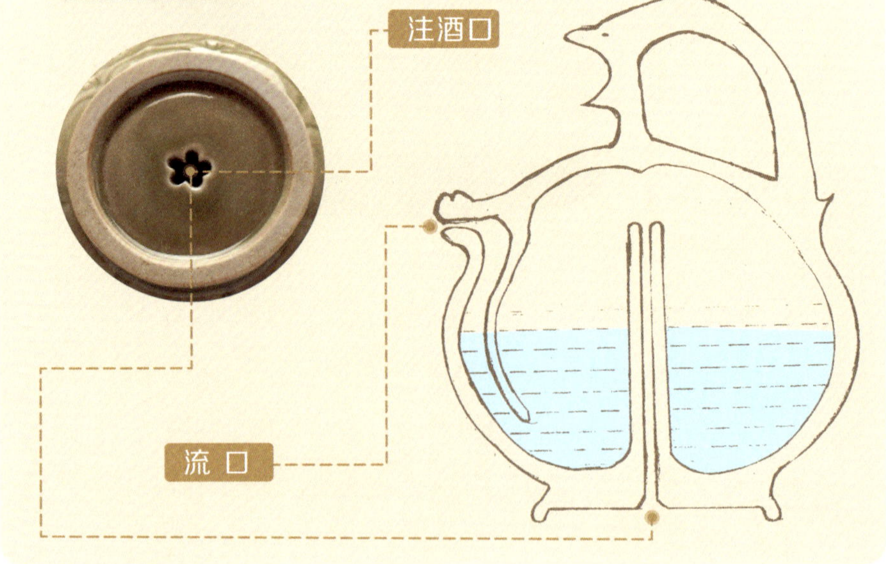

后记

《在博物馆里富养孩子》系列丛书终于要在2023年春节前后与读者见面了。这套丛书包括《周礼天下》《秦皇帝国》《大汉雄风》《盛唐气度》四册。八年前筹划、调研之后，我们着手开始创作编写，历时四年零六个月。去博物馆是一个富养孩子的好路径，博物馆里多元的文化力量和丰富的历史内涵可以让孩子们在博物馆里得到精神上的富养。

西安，一座历史厚重的千年文化古都。每年有数百万游客慕名而来，参观名胜古迹、品尝美食、了解风土民情……然而，旅行时间紧，景点人多，参观体验不全面、不系统，收获甚微。

2014年，我们团队就开始筹划，怎么才能让大家，尤其是孩子们来西安有古迹看、有故事听、有美食吃、有文化读，让西安不只是曾经去过而已。

经过长时间的调研了解，2018年暑假结束后我们开始这套书的创作。因为文物是对历史“最真实、最直接、最客观”的反映，有“补充历史、证实历史、纠正历史”的功能，而且几乎没有受到其他因素的干扰和影响，能够真实、准确地再现历史，所以我们决定以周、秦、汉、唐时期的文物来讲述陕西这块土地上厚重灿烂的中华文明。

在编撰过程中，我们注重专业知识的丰富、扩展和深化，多次进行实地调研，力争搜集更多的第一手资料。秦朝的历史文化不仅有举世闻名的兵马俑，还有湖北云梦和湖南里耶出土的秦简，这三处大发现给世人全面地再现了那段波澜壮阔的大秦史实。当我们得知湖南里耶秦简的发掘者张春龙老师将在长沙博物馆有一场关于秦简的专题报告时，当即赶赴长沙，聆听讲座。当时，长沙博物馆正在举办"从里耶到长沙"主题展，讲座和展览使我们收获颇丰。参观完湖南博物院和长沙简牍博物馆的第二天，我们直接赶往秦简发现地——湖南湘西里耶。在此感谢里耶秦简博物馆馆长周东征先生及高级讲解向玉梅女士的热情接待和详细介绍。为了系统全面地讲述周、秦、汉、唐四个时期的历史，我们先后多次到中国国家博物馆、首都博物馆、河北博物院、中国文字博物馆、河南博物院、洛阳博物馆、湖北省博物馆、云梦祥山博物馆等19家博物馆，以及陕西省内的12家博物馆与相关遗址实地考察。

经过多次修改、完善，此书最终以“文物解密”“名人访谈”“与文物对话”“旅行日记”“超级点评”“精彩互动”等图文并茂的趣味方式解读文物、讲述历史。愿这套带着淡淡书香的历史经典读本为孩子开蒙启智，带领孩子知史看今、远眺未来。

在此，我们衷心感谢陕西师范大学历史文化学院教授、博士生导师，央视“百家讲坛”主讲人王双怀教授为本书精心作序，特别感谢天地辛房为本书提供了唐砚、绞胎粉盒等他的旧藏照片和专业性的建议。在南长森、蔡凌燕、张洁、赵云雁、于建群、李乾鑫、高娟、杨晓博、姚勇、谭亮、高鹏程、吴伟刚、梁思雨、王竹宝、亮亮、辛一惠等人的支持帮助下，完成了这四册书的创作，在此也表示衷心的感谢！

这套书涵盖博物馆多、时间跨度大、涉及文物面广，在创作过程中难免有所疏漏，敬请各位专家和广大读者不吝指正。

张君升　蒙刚

2022年11月于古城西安